ITINERA

Vocabularium iterum

Lernvokabular

W0333798

Ernst Klett Schulbuchverlag Leipzig
Leipzig Stuttgart Düsseldorf

ITINERA

Lateinisches Unterrichtswerk

Vocabularium iterum

Lernvokabular

Dieses Werk folgt der reformierten Rechtschreibung und Zeichensetzung. Ausnahmen bilden Texte, bei denen lizenzrechtlich Gründe einer Änderung entgegenstehen.

Gedruckt auf Papier aus chlorfrei gebleichtem Zellstoff, säurefrei.

1. Auflage 1 5 4 3 2 1 | 2004 2003 2002 2001 2000

Alle Drucke dieser Auflage können im Unterricht nebeneinander benutzt werden, sie sind untereinander unverändert. Die letzte Zahl bezeichnet das Jahr dieses Druckes.

Internetadresse: http://www.klett-verlag.de

Redaktion: Dr. Helmut Schareika / Regine Becker

Satz: Fotosatz Kaufmann, Stuttgart
Druck: Druckhaus Vogel, Leinfelden-Echterdingen

ISBN 3-12-626180-9

Umschlagbild:
Wanderer und Magierin vor einer Hütte. Fresko aus Pompeji (Casa dei Dioscuri)

Dieses **Lernvokabular** enthält diejenigen Wörter aus den Lesestücken und Übungen, die du im Laufe des Lehrgangs lernen sollst. Du brauchst dieses Vocabularium also nur zu diesem Zweck. Ein Pfeil → vor einem Wort bedeutet, dass du dieses Wort schon kennst und dass das davor stehende Lernwort damit zusammenhängt.
So wird dir die neue „Wörterwelt" nach und nach immer durchsichtiger werden.
Die **fetten** Zahlen **1** bis **55** neben den Spalten bezeichnen das Lesestück, die normalen Ziffern verweisen auf die Zeilen des jeweiligen Lesestücks (die Wörter erscheinen in der Reihenfolge, wie sie in den Texten vorkommen).
Die Wörter ab dem Zeichen PE stehen in den Übungen (Pensa exercitanda).
Das Zeichen ◆ markiert die fakultativen (weglassbaren) Texte.

Am Fuß jeder Seite findest du in einem grauen Kasten Wörter aus dem **D**eutschen, **E**nglischen oder **F**ranzösischen, die auf lateinische Wörter zurückgehen. **Untersuche**
➢ zu welchem lateinischen Wort (auf derselben Seite) diese Wörter jeweils gehören;
➢ wie sich ihre Bedeutung zu der angegebenen Bedeutung des lateinischen Wortes verhält (ist sie gleich, verengt, erweitert, verändert?).

caput: *(hier)* Kapitel (*Grundbedeutung:* Kopf)
pēnsum: Aufgabe
pēnsa exercitanda: Übungen
cursus grammaticus: Grammatikkurs (Begleitgrammatik)
vocābulārium: Vokabular, Wörterverzeichnis
→ *N 1.1*, → *V 1.1:* Verweis auf den Tabellenanhang im Cursus grammaticus

Caput prīmum

1	**ecce**	sieh da!
	illīc *(Adv.)*	da, dort
	casa	Hütte, Häuschen
	parvus, -a, -um	klein
	est	‚ist' → *V 1.1*
	esse	‚sein', vorhanden sein → *V 1.1*
	ager, agrum *m.*	Acker(land), Feld, Gebiet
	et	und, auch
	cingere	gürten, umgeben
3	**hīc** *(Adv.)*	hier
	vīvere	leben
	labōrāre	sich anstrengen, arbeiten, leiden
	vīta	Leben, Lebensweise
	agere	treiben, betreiben, handeln, verhandeln; vītam a.: Leben verbringen
	dūrus, -a, -um	hart, beschwerlich
5	**sed**	aber, sondern
	nōn	nicht
	miser, -ra, -rum	elend, unglücklich
	eam *(Akk. Sg. f.)*	sie, diese → *N 3.1*
	incolere	bewohnen
	praeter *(beim Akk.)*	außer
	praeter fīliam	außer der Tochter
	-que *(angehängt)*	und
	Megilla Simylusque	Megilla und Simylus
	līberī, -ōs *m. (Pl.)*	Kinder
	quattuor *(undekl.)*	vier
	fīlius	Sohn
	duo, duae, duo	‚zwei'
	fīlia	Tochter
	ūnus, -a, -um	ein, einzig(artig)
	servus	Sklave, Knecht
8	**neque ... neque ...**	weder … noch …
	vērō *(Adv.)*	wirklich, tatsächlich
	possidēre	besitzen
	colōnus	Bauer, Pächter
	sunt	‚sind' → *V 1.1*
10	**prope** *(beim Akk.)*	nahe bei, in der Nähe von
	eō *(Adv.)*	dorthin, dort
	frūmentum	Getreide, Feldfrucht
	condere	verwahren, unterbringen
	praetereā *(Adv.)* < praeter + eā	außerdem
	nōnnūllī, -ae, -a	einige, manche
	īnstrūmentum	Werkzeug, Gerät
	inesse, inest, īnsunt *(mit Dat.)*	enthalten sein, sich befinden
	canis, canem *m./f.*	‚Hund'
12	**validus**, -a, -um	gesund, stark

1
D & (Ligatur), umzingeln, ‚quick' (~lebendig), laborieren, vital, Vitamin, agieren, Dur, Misere, miserabel, Quartett, der Filius, Duo, dual, Filiale, uni, Possessivpronomen, Instrument
E agriculture, vitality, to act, clown, to possess, instrument, valid
F être, agriculture, et, ici, vivre, labourer, la vie, agir, dur, non, la misère, misérable, quatre, le fils, deux, la fille, un, posséder, ils/elles sont, froment, l'instrument, le chien, valide

aedificium	Gebäude
cūstōdīre	bewachen
alius, alia, aliud	ein anderer
bēstia	Tier (das wilde Tier)
etiam	auch, noch, sogar
terrēre	(er)schrecken, abschrecken
PE **serva**	Sklavin, Magd

2 *Zur Wiederholung*
ager, bestia, casa, liberi, servus; parvus
vero, etiam

māne	frühmorgens
et … et	sowohl … als auch
id est	das heißt
cūnctus, -a, -um	gesamt, ganz; cūnctī, -ae, -a: alle
familia	Hausgemeinschaft, Familie
labor, -ōrem *m.*	Arbeit, Mühe, Anstrengung
suus, -a, -um	‚sein', ihr
suscipere, -iō	unternehmen, auf-(sich) nehmen
iungere	verbinden, vereinigen; bovēs i.: anspannen
3 **in** *(beim Akk.)*	in … hinein, nach … hin, gegen
in casam	in die Hütte
in bēstiās	gegen die wilden Tiere
contendere	sich anstrengen, eilen, kämpfen, behaupten
īgnis, -nem *m.*	Feuer, Brand
excitāre	(auf)wecken, erregen, *(hier:)* entfachen
intereā *(Adv.)*	unterdessen, inzwischen
soror, -ōrem	‚Schwester'
aqua	Wasser
miscēre	‚mischen'
5 **tum** *(Adv.)*	da, dann; damals
orbis, orbem *m.*	Kreis, Scheibe, Erdkreis
dīvidere	trennen, teilen
īnferunt (*Inf.* **īnferre)**	sie tragen/legen hinein
sīc *(Adv.)*	so, auf diese Weise
parāre	(vor-)bereiten, (sich) verschaffen
quoque *(Adv.)*	auch
Tertius quoque	auch Tertius
relinquere	zurücklassen, verlassen
lūdus	Spiel, Schule
petere	streben (wohin, nach etw.), sich an jd. wenden, bitten
ut *(Adv.)*	wie
parentēs, -tes *(Pl.)*	Eltern
crēdere	glauben, anvertrauen
8 **neque**	und nicht, auch nicht
magister, -trum *m.*	Lehrer, ‚Meister'
hodiē *(Adv.)*	heute
adīre, -eō	herangehen, aufsuchen, bitten
ad *(beim Akk.)*	bei, an, zu, nach
ad casam	beim/zum Häuschen
via	‚Weg', Straße
pūblicus, -a, -um	öffentlich, staatlich; via pūblica: Staatsstraße
currere	laufen, eilen
enim	denn, nämlich
aliēnus, -a, -um	fremd; Fremder
dūcere	‚ziehen', führen
11 **multī**, -ae, -a	viele
homō, hominem *m.*	Mensch, Mann; hominēs *(auch)*: Leute
adesse, adest, adsunt	anwesend sein, da sein
agmen, *(Pl.)* agmina *n.*	Zug, Heereszug
spectāre	betrachten, (zu)schauen
inter *(beim Akk.)*	zwischen, unter
inter līberōs	unter den Kindern
eōs *(Akk. Pl. m.)*	sie → *N 3.1*
adulēscēns, -ntem	junger Mann
habēre	haben, halten (für)
itaque *(Adv.)*	daher, und so
nōn modo … sed etiam … *(Adv.)*	nicht nur … sondern auch …
aspicere, -iō	anschauen, erblicken
PE **pater**, patrem *m.*	‚Vater'
puella	Mädchen

1
D Bestie
E custody, beast, to terrify
F l'édifice, la bête, terrifier
2
D Familie, Labor, Junktion, Aquarium; Ortsnamen, z. B. Eich„ach", Mixtur, Orbit, dividieren, parat, Relikt (Überbleibsel), Reliquie, Prä-ludium, Petition, Kredit, Viadukt, publik, Kurier, multiplizieren, Multimedia, Spektakel, Pater
E family, labour, to join, to contend, to excite, to mix, to divide, to relinquish, parents, credit, master, public, alien, multiplication, spectacle
F la famille, labeur, son, sa, joindre, en, exciter, la sœur, l'eau, mixte, l'orbite, diviser, ainsi; si, prêt, relique, petition, les parents, croire, le maître, à, la voie, publique, courir, multiplication, l'homme, on, spectacle, entre, adolescent, avoir, le père

3 *Zur Wiederholung*
habere
adulescens, homo
alienus, alius
hodie, sic, tum, etiam

appellāre	anreden, nennen, benennen
cīvis, cīvem *m./f.*	Bürger
audīre	hören
atque, ac	sowie, und, und auch
vel	oder (auch), oder sogar
tēctum	‚Dach', Haus
certē *(Adv.)*	sicherlich, gewiss, wenigstens
quaerere	suchen, fragen, erwerben
4 **statim** *(Adv.)*	sofort, auf der Stelle
vir, -um	Mann
respondēre	antworten
-ne *(angehängt)*	*(kennzeichnet Frage)*
bonus, -a, -um	gut
dēsīderāre	ersehnen, vermissen, wünschen
vīnum	Wein
optimus, -a, -um	der beste
venīre	kommen
pulcher, -chra, -chrum	schön, vortrefflich
6 **meus**, -a, -um	‚mein' → *N 3.6c*
proximus, -a, -um	nächster, sehr nahe
cēna	Mahlzeit, Hauptmahlzeit
undique *(Adv.)*	von allen Seiten, (von) überall
accēdere	herantreten, hinzukommen
clāmāre	schreien, rufen
rīdēre	lachen, verspotten
8 **dīcere**	sagen, sprechen, behaupten, nennen
īgnōrāre	nicht wissen, nicht kennen; nōn īgnōrāre: wohl wissen, gut kennen
tuus, -a, -um	‚dein' → *N 3.6c*
discēdere	auseinander gehen, weggehen, verschwinden
hinc *(Adv.)*	von hier
locus	Ort, Platz, Stelle
11 **vidēre**	sehen
nec ... nec ... (= neque ... neque ...)	weder ... noch ...
quid?	was?
ergō *(Adv.)*	also, deshalb
nunc *(Adv.)*	jetzt, nun
tamquam *(Adv.)*	so wie, als ob
dum	während, solange
eum *(Akk. Sg. m.)*	ihn → *N 3.1*
14 **scīre**	wissen, kennen
putāre	glauben, meinen, halten für
mēcum	mit mir → *CG 4.1.1b*
Vāde mēcum!	Geh mit mir!

4 *Zur Wiederholung*
clamare, invidere, manere, petere, ridere, videre, vivere
casa, homo, vir, vita
hīc, nunc, tamquam, id est, dum, etiam

hūc *(Adv.)*	hierher
ambulāre	(umher)gehen, spazieren gehen
terra	Erde, Land
extrēmus, -a, -um	äußerster, letzter
oppidum	Stadt, Befestigung
cōgnōscere	kennen lernen, erkennen, erfahren
ego	‚ich' → *N 3.6*
quia	weil
virgō, -ginem *f.*	Mädchen, junge Frau
domī *(Adv.)*	zu Hause
mănēre	bleiben, warten
3 **dēbēre**	sollen, müssen, schulden, verdanken
exspectāre	ausschauen, (er)warten
meum est ...	es ist meine Aufgabe zu ...
Meum est domī manēre.	Meine Aufgabe ist es zu Hause zu bleiben.
tractāre	behandeln, verarbeiten
cŏlere	bearbeiten, pflegen, verehren

3
D appellieren, zivil, Auditorium; Audio, ‚Wer'wolf, Bonus, Desiderat, Optimist, reklamieren, ignorieren, Video, Putativ-
E civic, question, to respond, wine, to accede, to claim, to ignore
F appeler, civil, le toit, question, viril, répondre, bon, désirer, le vin, l'optimiste, venir, mon, prochain, rire, dire, ignorer, ton, ta, le lieu, voire, que, putatif

4
D Ambulanz, terrestrisch, extrem, incognito, Egoist, Virginia, traktieren, Kultur
E extreme, debt, to expect
F ambulant, la terre, extrême, connaître, je, virginal, devoir, traiter

	summa	Vorrang, Hauptsache; Gesamtheit, ad summam: also, kurzum
	tū	‚du' → *N 3.6 a*
	autem	aber
5	**pecūnia**	Geld, Vermögen
	varius, -a, -um	verschieden(artig), bunt, vielfältig
	potes	du kannst
	māter, -trem *f.*	Mutter
	semper *(Adv.)*	immer
	per *(beim Akk.)*	durch, durch … hindurch
	per hortum	durch den Garten
	īre, eō	gehen, fahren, reisen → *V 3.5*
	perīculum	Gefahr, Versuch
7	**noster**, -tra, -trum	unser → *N 3.6c*
	beātus, -a, -um	gücklich, reich
	tūtus, -a, -um	geschützt, sicher
	dissentīre	uneins sein, anderer Meinung sein, widersprechen
	valdē *(Adv.)*	sehr
	nam	denn, nämlich
10	**iam** *(Adv.)*	schon, gleich; noch
	timēre	(sich) fürchten
	ubī *(Adv.)*	wo *(Frage und relativisch)*
	ibī *(Adv.)*	dort
	vērus, -a, -um	wahr(haft), echt
13	**nārrāre**	erzählen
	intrāre *(mit Akk.)*	eintreten, betreten
	num *(Frage)*	etwa?
	Num servī sumus?	Sind wir etwa Sklaven?
	impius, -a, -um	pflichtvergessen, gottlos
	ūsque ad *(beim Akk.)*	bis zu
15	**nox**, noctem *f.*	Nacht; multa nox: tiefe Nacht
	sedēre	sitzen
	perdere	zugrunde richten, verlieren; oleum perdere: Öl verschwenden
	malus, -a, -um	schlecht
17	**vōs** *(Nom./Akk.)*)	ihr, euch → *N 3.6a*
	deus	Gott, Gottheit
	prīmum *(Adv.)*	zuerst
	deinde *(Adv.)*	darauf, ferner
	somnus	Schlaf

PE

	aetās, -tātem *f.*	Lebensalter, (Zeit)alter
	capere, capiō	nehmen, fassen, fangen
	clāmor, -ōrem *m.*	Geschrei, Lärm
	dormīre	schlafen
	fugere, iō *(mit Akk.)*	fliehen, meiden
	posse, possum	können; Einfluss haben, gelten → *V 1.1*

Caput secundum

5 *Zur Wiederholung*
audire, debere, dicere, dormire, putare, respondere, ridere
homo, nox, terra, vir, vita
beatus, meus, miser, parvus, tuus
itaque, statim, tamquam, vero
mecum, dum

	vērē *(Adv.)*	wirklich, tatsächlich
	surgere	aufstehen, sich erheben
	ante *(beim Akk.)*	vor
	lūx, lūcem *f.*	Licht, Helligkeit; ante lūcem: vor Sonnenaufgang
	id *(Nom./Akk. Sg. n.)*	das, dies, es → *N 3.1*
	officium	Dienstleistung, Dienst, Pflicht
	cum *(Konjunktion)*	(dann,) wenn
3	**māgnus**, -a, -um	groß
	tē *(Akk.)*	dich → *N 3.6 a*
	iubēre	befehlen, auffordern
	Iubeō eōs venīre.	Ich befehle, dass sie kommen. Ich befehle ihnen zu kommen.
	mīrus, -a, -um	wunderbar, erstaunlich
	dēnique *(Adv.)*	schließlich, endlich
5	**mē** *(Akk.)*	mich → *N 3.6a*
	nē … quidem *(Adv.)*	nicht einmal …
	nē magister quidem	nicht einmal der Lehrer
	sentīre	fühlen, (be)merken, verstehen
	tibĭ *(Dat.)*	dir → *N 3.6a*

4
D Summe, pekuniär, variabel, Matriarchat, Matrize, per Boten, Beate, Tutor, Dissens, narrativ, kapieren, potent
E sum, various, tutor, to dissent, to narrate, to enter, impious
F somme, tu, pécuniaire, varié, la mère, par, j'irai, péril, notre, tuteur, vrai, -e, narration, entrer, impie, jusqu'à, la nuit, perdre, mal, mauvais, vous, le dieu, le sommeil, dormir, pouvoir, fuir, qui?
5
D Lux (Beleuchtungsstärke), Abk. i. e.
E i. e., office
F surgir, l'office, sentir, toi

	nimis *(Adv.)*	zu sehr
8	**invidēre** *(mit Dat.)*	beneiden
	Invideō tibi vītam tuam.	Ich beneide dich um dein Leben.
	appārēre	erscheinen, offenkundig sein
	alius … alius …, alia, aliud	der eine … der andere …
10	**nōn iam**	nicht mehr
	certus, -a, -um	sicher, gewiss
	nihil	nichts
	ita *(Adv.)*	so
	solēre	gewohnt sein, pflegen
	intermittere	unterbrechen
	amīcus	Freund
PE	**quem?**	wen? (→ *N 3.2.2)*
	quis?	wer? (→ *N 3.2.2)*
	quo?	wohin?
	scrībere	‚schreiben'

6 *Zur Wiederholung*
accedere, audire, clamare, dicere, exspectare, laborare, respondere, scire
amicus, civis, homo, liberi, magister, servus
alienus, alius ... alius ..., miser, multi, noster, parvus
ergo, hodie, semper, tamquam, ut
me, nihil, ante, dum, vel

	appropinquāre	sich nähern
	mūrus	‚Mauer'
	cōnspicere, -iō	erblicken
	salūs, -ūtem *f.*	Wohlergehen, Heil, Rettung; salūtem dīcere: grüßen
	malum	Übel, Leid
4	**aliquī, aliqua, aliquod**	(irgend)einer, eine, eines → *N 3.7*
	vōx, vōcem *f.*	Stimme, Laut, Wort
	dominus	Herr, Hausherr
	servāre	behüten, bewahren, retten
	pauper, -rem	arm
	cūrāre *(mit Akk.)*	sorgen, sich kümmern
	plēbs, plēbem *f.*	(einfaches) Volk, Volksmenge

	facere, faciō	tun, machen, herstellen
8	**mihī̆** *(Dat.)* → ego	mir → *N 3.6a*
	mihī est/sunt …	ich habe …, mir gehört (gehören) → *CG 2.2.2*
	Mihi sunt casa parva et hortus fēcundus.	Ich habe ein kleines Häuschen und einen fruchtbaren Garten.
	uxor, -ōrem	Ehefrau
	cūr? *(Adv.)*	warum?
	cōnsulere	um Rat fragen, sorgen für
	eques, equitem *m.*	Reiter, Ritter
	opēs *f. (Pl.)*	(Macht-)Mittel, Vermögen, Reichtum
	omnēs, *n. (Pl.)* -ia	alle
	eīs *(Dat. Pl.)*	ihnen → *N 3.1*
11	**dīves**, dīvitem	reich
	adiuvāre, ádiŭvō	unterstützen, helfen
	Amīcus amīcum adiŭvat.	Ein Freund hilft dem Freund.
	nōbīs *(Dat.)*	uns → *N 3.6a*
	populus	Volk, Bevölkerung; *(Pl.:)* Leute
	prōvidēre	vor(her)sehen, sorgen für, sich kümmern (um)
13	**ŏdium**	Hass
	emere	kaufen
	parvī emere	für wenig, billig kaufen
	Frūmentum parvī ĕmunt, māgnī vendunt.	Sie kaufen das Getreide billig ein und verkaufen es teuer.
	apud *(beim Akk.)*	bei, nahe bei
	apud nōs	bei uns
	vendere	verkaufen
	ea *(Nom./Akk. Pl. n.)*	es, dies(es) → *N 3.1*
	volunt, *(Inf.)* **velle**	sie ‚wollen' → *V 3.5*
	praeferre, -ferō	vorantragen, vorziehen
15	**neglegere**	vernachlässigen, nicht beachten
	fortūna	Schicksal, Glück
	deesse, dēsum	abwesend sein, mangeln, fehlen
	nēmō *Akk.:* nēminem	niemand, keiner
	succurrere	zu Hilfe eilen, beistehen
	eī *(Dat. Sg.; m./f./n.)*	ihm, ihr, dem → *N 3.1*
20	**cēterī**, -rae, -ra	die übrigen
	dīmittere	entsenden, entlassen
	domum *(Adv.)*	nach Hause

5
D Nihilismus, Schrift
E invidious, to appear, certain, script
F apparaître, certain, l'ami, écrire
6
D Salutschüsse, Malheur, Vokal, dominant, kurieren, Plebiszit, konsultieren, populär, Provision, Fortuna, etc. (et cetera)
E conspicuous, voice, to cure, to consult, to aid, people, to provide, to prefer, to neglect, fortune
F le mur, salut, le malheur, la voix, pauvre, plébiscite, faire, moi, équestre, aider qn, le peuple, provision, odieux, vendre, vouloir, préférer, négliger, la fortune

ī → īre	*Imp. zu* īre: gehen → *V 3.5*
abīre, -eō → īre	weggehen
quī *(Adv.)*	wie, wie denn
22 **invenīre**	finden (hingelangen)
possum → posse	ich kann → *V 1.1*
cīvitās, -tātem *f.*	Stadt, Staat, Gemeinde, Bürgerrecht
crēscere	wachsen
PE **adesse**, adsum *(mit Dat.)*	anwesend sein, da(bei) sein; beistehen, helfen
cārus, -a, -um	lieb, teuer, wertvoll
citō *(Adv.)*	schnell
cui? *(Dat. von* quis?)	wem?
cupere, -iō	wünschen, wollen, begehren
dare, dō	geben, vītam dare: Leben schenken
discere	lernen
discipulus	Schüler
dolēre	schmerzen, bedauern
Doleō tē miserum esse.	Ich bedaure, dass es dir schlecht geht.
forte *(Adv.)*	zufällig
frāter, -trem *m.*	‚Bruder'
gaudium	Freude
Graecus, -a, -um	griechisch, Grieche
Rōmānus, -a, -um	römisch, Römer
salvē! salvēte!	sei(d) gegrüßt! Guten Tag!

Caput tertium

> *7 Zur Wiederholung*
> condere, cupere, dicere, posse, respondere
> amicus, deus, homo, mater, pecunia, periculum, soror
> alius, bonus, ceteri, parvus
> ut, dum, etiam, vel

vestis, -em *f.*	Kleid
quī, quae, quod *(Relativpronomen)*	welcher, welche, welches; der, die, das
iter, *St.* itiner- *n.*	Weg, Reise; Tagesstrecke
iter facere	eine Reise machen
2 **vult,** *(Inf.)* **velle**	er, sie, es ‚will', wollen → *V 3.5*
necessārius, -a, -um	notwendig
ventus	‚Wind'
arcēre	abwehren, abhalten, fernhalten
sōl, sōlem *m.*	Sonne
prohibēre	fern halten, hindern, verbieten
5 **aestimāre**	schätzen, meinen; plūrimī aestimāre: äußerst hoch achten
auxilium	Hilfe
contrā *(beim Akk.)*	gegen
contra perīcula	gegen die Gefahren
8 **audēre**	wagen
sānctus, -a, -um	heilig, unverletzlich, erhaben
cum *(Konjunktion)*	wenn, als
cernere	wahrnehmen, sehen, erkennen
puer, -um *m.* → puella	Kind, Junge
10 **argentum**	Silber
ferrum	Eisen, Waffe, Schwert
fallere	täuschen, betrügen
ferōx, -ōcem	wild, trotzig
nocēre	schaden
12 **laedere**	verletzen
interficere, -iō	töten
avis, -em *m./f.*	Vogel
auxiliō esse *(mit Dat.)*	Hilfe sein, helfen

> *8 Zur Wiederholung*
> adesse, parare
> casa, cena, deus, filius, mater, via
> bonus, malus, meus
> deinde, ibi, nunc, qui (quae, quod), prope

interim *(Adv.)*	inzwischen
āra	Altar
3 **intendere**	anspannen, richten auf, beabsichtigen
ōrāre	bitten, beten; sprechen
dea	Göttin
5 **abesse**, absum	abwesend sein, fehlen
umbra	Schatten

6
D Abitur(ient), Datum, Gaudi
E to invent, city, to increase, date, joy
F inventer, la cité, croître, cher, fortuit, le frère, la joie
7
D Weste, Ventilator, solar-, Prohibition, contra, Sankt, Fe (chem. Zeichen), lädieren
E itinerary, necessary, prohibit, auxiliary, saint, ferocious
F vêtement, qui, l'itinéraire, nécessaire, le vent, le soleil, prohiber, contre, saint, l'argent, le fer, féroce
8
D Interimslösung, intendieren
E to intend
F entendre, la déesse, l'ombre

ferre, ferō	tragen, bringen, ertragen → *V 3.5*
PE **animal**, *St.* animāl- *n.*	Lebewesen, Tier
ars, artem *f.*	Kunst, Fertigkeit, Eigenschaft
pārēre	gehorchen

9 Ab dieser Lektion wird, wie allgemein üblich, bei den Substantiven der *Genitiv Singular* (statt des Akkusativs) angegeben.

Zur Wiederholung
audire, clamare, facere, fugere, videre
agmen, amicus, clamor, eques, homo, iter, lux, populus, via
publicus, hīc, huc, illic, quoque
aliqui, aliqua, aliquod, qui (quae, quod), dum

impedīmentum	Hindernis; *(Pl.)* Gepäck
portāre	tragen, bringen
incipere, -iō	anfangen
plēnus, -a, -um *(mit Gen.)*	voll
Via est plēna plaustrōrum.	Die Straße ist voller Wagen.
4 **praeterīre**, -eō *(mit Akk.)* → īre	vorübergehen
raeda	Kutsche, Reisewagen
nōbilis, -e	berühmt, adlig, vornehm
praesidium	Schutz, Besatzung
praesidiō esse	als Schutz dienen, schützen
5 **ingēns**, -ntis	ungeheuer, gewaltig
haerēre	hängen bleiben, stecken bleiben
frangere	zer‚brechen'
7 **subitō** *(Adv.)*	plötzlich
celer, -ris, -re	schnell
retinēre	festhalten, zurückhalten
cavēre *(mit Akk.)*	sich hüten, sich vorsehen
Cavē canem!	Hüte dich vor dem Hund!
audāx, -ācis	kühn, frech, verwegen
medius, -a, -um	mittlerer, mitten
mediā in viā	mitten auf dem Weg

PE **cōpia**	Vorrat, Fülle, Reichtum

10 *Zur Wiederholung*
audire, praeterire, scire, videre
cena, iter, lux, populus, raeda, via
malus, nonnulli, omnes, parvus, publicus, tutus
hīc, hodie, valde, nihil, qui (quae, quod)
ante, enim, neque

vix *(Adv.)*	kaum
quantus, -a, -um	wie groß, wie viel
multitūdō, tūdinis *f.*	Menge
3 **genus**, -eris *n.*	Geschlecht, Art
trānsīre, -eō → īre	hinübergehen, überschreiten; vorbeigehen
angustus, -a, -um	eng
5 **bene** *(Adv.)*	gut
potius *(Adv.)*	vielmehr, eher
9 **negāre**	nein sagen, verneinen, bestreiten
profectō *(Adv.)*	in der Tat, sicherlich
sordidus, -a, -um	schmutzig
11 **prōmittere**	versprechen
nisī	wenn nicht, außer
eōrum *(Gen. Pl. m./n.)*	von ihnen, deren → *N 3.1*
prĕtium	‚Preis', Wert, Lohn
similis, -e *(mit Gen. oder Dat.)*	ähnlich
quīdam, quaedam, quoddam	(irgend)einer, ein bestimmter
postulāre	fordern
PE **bibere**	trinken
eius *(Gen. Sg.)*	von ihm, von ihr; sein, ihr → *N 3.1*
esse *(mit Gen.)*	jds. Aufgabe/Pflicht sein
amīcī est amīcō adesse	Pflicht des Freundes ist es, dem Freund zu helfen
ōs, ōris *n.*	Mund, Gesicht

8
D Artist, parieren
E animal, art
F l'animal, l'art, paraître
9
D Portemonnaie, Präteritum, nobel, Präsidium, Fraktur, Fraktion, Fragment, Kaution, Medium, Kopie
E impediment, portable, incipient, noble, presidium, to adhere to, fracture, sudden, audacious, medium, copy
F porter, plein, présidence, fragile, subit, retenir, médial, la copie
10
D Quantum, Genus, Transit, negieren, Preis, Pretiosen, postulieren
E gender, to deny, sordid, to promise, price, similar, to postulate
F quantité, multitude, genre, transition, bien, nier, sordide, promettre, le prix, similitude, boire

11 *Zur Wiederholung*
adire, bibere, clamare, credere, dicere, habere, intrare, narrare, praeterire, putare, ridere, transire, videre
amicus, aqua, bestia, deus, filius, homo, vinum
nonnulli, omnes, optimus, plenus, quantus
tamquam, ut, qui (quae, quod), ante, etiam, vel

	sub *(beim Akk.)*	unter, unter … hin, unmittelbar vor/nach
	eius *(Gen. Sg.)*	von ihm, von ihr; sein, ihr → *N 3.1*
	porta	Tor, Pforte
	mulier, -ris *f.*	Frau
	stāre, stō	stehen
4	**nōlle**, nōlō < nōn velle	nicht wollen → *V 3.5*
	cibus	Speise, Nahrung
	lectus	Bett, Sofa
	mercātor, -ōris *m.*	Kaufmann
	mīles, mīlitis *m.*	Soldat
7	**nauta**, -ae *m. (griech.)*	Matrose, Seemann
	iacere, iaciō	werfen
	summus, -a, -um	oberster, höchster
	poēta, *m. (griech.)*	Dichter, Schriftsteller
11	**gēns**, gentis *f.*	Geschlecht, Stamm, Volk
	sīcut *(Adv.)*	so wie, gleich wie
	iniūria	Unrecht
	īnferre, īnferō	hineintragen, hineintun; *(jd. etw.)* antun
	numquam *(Adv.)*	niemals
15	**tantus**, -a, -um	so groß, so viel
	iīs *(Dat. Pl. f.)*	ihnen, diesen, für sie → *N 3.1*
	satis *(Adv.)*	genug
	sapiēns, -ntis	weise, vernünftig
	īgnōscere	verzeihen
	tēcum	mit dir → *CG 4.1.1b*
	certāre	wetteifern, kämpfen
	velle, volō	wollen → *V 3.5*
18	**mēns**, mentis *f.*	Verstand, Gedanke, Gesinnung
	fābula	Erzählung, Geschichte
	iūcundus, -a, -um	angenehm, erfreulich; interessant
	amāre	lieben
	sī *(Konjunktion)*	wenn, falls, ob
PE	**cēnāre**	essen, speisen
	quod *(Konjunktion)*	da, weil

12 ◆ *Zur Wiederholung*
appellare, bibere, clamare, condere, credere, crescere, dormire, facere, ferre, inferre, intendere, neglegere, portare, putare, ridere, sedere, sentire, stare, videre
avis, deus, filius, iniuria, insula, ludus, mercator, miles, nauta, pater, poeta, puer, sol, terra, via, vinum
alius, noster, parvus, pulcher
certe, domi, domum, ergo, hīc, illic, itaque, subito, tamquam, ut
me, qui (quae, quod)
apud, dum, etiam, prope, vel

Worterläuterungen im Lesevokabular!

13 ◆ *Zur Wiederholung*
audire, curare, petere, venire, vivere
amicus, sol, somnus, vinum, vox
adulescens
qui (quae, quod), dum

Worterläuterungen im Lesevokabular!

Caput quārtum

14 *Zur Wiederholung*
appellare, contendere, debere, dicere, ferre, spectare, stare, transire, venire, videre
agmen, ars, instrumentum, sol, via, vir
alius, celer, magnus, medius, noster, omnes
forte, hodie, ita, tamquam, tum
aliqui, aliqua, aliquod, qui (quae, quod)
ante, atque, dum

altus, -a, -um	hoch, tief
in *(beim Abl.)*	in, an, auf, bei
in casā	im Haus
in itinere	auf dem Weg
caelum	Himmel; Wetter, Klima
legere	lesen, sammeln
decem	‚zehn'

11
D Statist, Militär, Nautik, Injektion, Poet, satt, Homo sapiens, mental, Fabel
E merchant, poet, injury, mind, fable
F sous, la porte, le lit, le marchand, jeter, le sommet, le poète, les gens, l'injure, tant, assez (ad + satis), mental, la fable, aimer, si

14
D dezimal
F haut, en, le ciel, lire, dix

mīlle, *(Pl.)* mīlia	tausend
mīlle passuum	eine (römische) Meile (tausend Schritte)
passus, -ūs *m.*	Schritt, Doppelschritt
mīlle passuum	tausend Doppelschritte (= eine Meile)
ā, ab *(beim Abl.)*	von, von … her
ā colōniā	von der Siedlung
ab oppidō	von der Stadt
5 **nōlī** *(Imp.)* → nōlle	wolle nicht! → *CG 12.5.3; V 1.2*
trēs, tria *(dekliniert)*	‚drei'
ferē *(Adv.)*	fast, etwa, ungefähr
decem ferē hōrae	fast zehn Stunden
hōra	Stunde, Zeit
spatium	Raum, Strecke, Zeitraum
cōnficere, -iō	vollenden, bewältigen
verbum	Wort
cum *(beim Abl.)*	mit, zusammen mit
cum amīcīs	mit den Freunden/Freundinnen
advěnīre	(her)ankommen
sēcum *(Abl. Sg./Pl.)*	(= cum sē) bei sich, mit sich
pars, partis *f.*	Teil, Seite, Richtung
10 **reficere**, -iō	wiederherstellen, erneuern
dīligentia	Sorgfalt, Umsicht
īnspicere, -spiciō	ansehen, besichtigen
lapis, -idis *m.*	Stein
aptus, -a, -um	passend, geeignet
adulēscēns, -ntis	junger Mann; jung
quam *(Adv.)*	wie, als
15 **mūnīre**	bauen, befestigen
et … et …	sowohl … als auch …
bellum	Krieg
gerere	tragen, (aus)führen
imperium	Befehl, Herrschaft, Herrschaftsgebiet, Reich
sub *(beim Abl.)*	unter, unterhalb von
iacēre	liegen
18 **sine** *(beim Abl.)*	ohne
virtūs, tūtis *f.*	Tüchtigkeit, Tapferkeit, Tugend, Leistung
senex, sěnis *m./f.*	alt; alte(r) Mann/Frau, Greis(in)
ōlim *(Adv.)*	einst
prae *(beim Abl.)*	vor, im Vergleich zu
prae labōre	vor/im Vergleich zur Anstrengung

tam *(Adv.)*	so

PE

cēdere	gehen, weichen
fŏrum	Marktplatz, Öffentlichkeit

15 ◆ *Zur Wiederholung*

abire, facere, ferre, gerere, parere, praeferre, ridere, videre
dea, homo, iter, lux, miles, mulier, oppidum, sol, vestis, via, vir, vita, vox
alius ... alius ..., alius, audax, magnus, omnis, summus, varius
hodie, tum, undique, qui (quae, quod)
atque, ac

Worterläuterungen im Lesevokabular!

16 *Zur Wiederholung*

aestimare, amare, audire, cenare, clamare, curare, dicere, emere, facere, habere, posse, ridere, solere, vendere, venire, videre, vivere
amicus, amor, civis, filia, filius, fortuna, homo, mulier, odium, oppidum, pecunia, puer, servus, verbum, vir, virgo, vox
alius, multi, nobilis, nonnulli, noster, omnes
cur?, ergo, fere, huc, ibi, non modo ... sed etiam ..., quam, tam, tum, qui (quae, quod)
cum, enim, et ... et ..., si, sine, vel

ostendere	zeigen, darlegen; sē ost.: sich erweisen
5 **asper**, -era, -erum	rau
nātus, -a, -um	geboren
XVI annōs nātus, -a sum.	Ich bin 16 Jahre alt.
ē, ex *(beim Abl.)*	aus, aus … heraus, von … her
ē patriā	aus der Heimat
ex oppidō	aus der Stadt
aut	oder, oder aber
fortāsse *(Adv.)*	vielleicht
interrogāre	fragen
quōmodo *(Adv.)*	wie, auf welche Weise
9 **vōbīs** *(Dat. und Abl.)*	euch → *N 3.6a*

14
D Meile, Trio, Uhr, Konfektion, Verb, Advent, Part, partiell, inspizieren, Lapidarium, Imperium, virtuell, senil, Senior, prä-, Forum
E mile, hour, space, verb, part, diligence, to inspect, apt, empire, virtue, senior, pre-
F mille, le pas, trois, l'heure, l'espace, le verbe, la part(ie), la diligence, inspecter, apte, adolescent, munir, gérer, empire, sous, sans, la vertue, sénile, pré-, céder, la foire

16
D ostentativ, Interrogativ-
E asperity, interrogate
F l'ostentation, naître, ou, interroger, comme

rēx, rēgis *m.*	König
rēgnum	Königsherrschaft, Königreich
mittere	schicken, gehen lassen
vēnīre, vēneō	verkauft werden
Cur servī vēneunt?	Warum werden die Sklaven verkauft?
quamquam	obwohl
solvere	lösen, befreien, bezahlen
apertus, -a, -um	offen(kundig)
obscūrus, -a, -um	dunkel; unklar
13 **luxŭria**	Überfluss, Genusssucht, Luxus
egēre *(mit Abl.)*	nicht haben, brauchen
Egeō pecūniā.	Ich habe kein Geld.
quis *(unbetont, nachgestellt)*	irgendwer, jemand → *N 3.7*
amor, -ōris *m.*	Liebe
vincere	siegen, besiegen
turpis, -e	hässlich, schändlich
līber, -era, -erum	frei
19 **at**	aber, jedoch, dagegen
cōgitāre	denken, überlegen
Cōgitō, ergō sum.	Ich denke, also bin ich.
famĭliāris, -e	vertraut, freund(schaft)lich; Familien-
humilis, -e	niedrig, gering
licet	es ist erlaubt, es ist möglich, man darf
audācia	Kühnheit, Frechheit
23 **hostis**, -is *m.*	Feind
incitāre	antreiben, reizen
PE **aut ... aut ...**	entweder ... oder ...
cōnstāre *(mit AcI)*	feststehen → *CG 2.1*
effugere, -iō *(mit Akk.)*	entfliehen, entkommen
esse *(mit Dat.)*	haben, gehören
exīstimāre	(ein)schätzen, meinen
nōs *(Nom./Akk.)*	wir, uns → *N 3.6a*
potestās, -tātis *f.*	Macht, (Amts-)Gewalt
praeter *(beim Akk.)*	an ... vorbei; außer
praeter fīliam	außer der Tochter
praeter casam	am Haus vorbei
sē *(Akk./Abl.; Sg./Pl.)*	sich → *N 3.6 b*
servīre	Sklave sein, dienen

Caput quintum

17 Ab dieser Lektion wird bei den Verben zusätzlich zum Infinitiv die 1. Pers. Sg. des *Perfekts Aktiv* angegeben, soweit die Verben nicht zum „Normaltyp" ihrer Konjugationsgruppe gehören.

Zur Wiederholung
adire, apparere, clamare, currere, dicere, facere, ostendere, petere, portare, venire, videre
amicus, iter, lectus, oppidum, porta, somnus, vox
duo, meus
nunc, statim, tum, me, secum, atque, ac, e/ex, nisi

aliquandō *(Adv.)*	irgendwann, einmal
ūnā *(Adv.)*	zusammen, zusammen mit
ūnā cum amīcā	zusammen mit der Freundin
facere, -iō, fēcī	tun, machen
vĕnīre, -vēnī	kommen
Graecia	Griechenland
alter ... alter ..., altera, alterum	der eine ... der andere ... *(von zweien)*
adīre, -eō, -iī	aufsuchen, herangehen, bitten
hospes, hospitis *m.*	Gast, Fremder
sibĭ *(Dat. Sg./Pl.)*	sich → *N 3.6 b*
nōtus, -a, -um	bekannt
petere, petīvī	bitten, streben, sich an jd. wenden
comes, comitis *m.*	Begleiter, Gefährte
vidēre, vīdī	sehen
4 **īnsidiae**, -ārum *f. (Pl.)*	Falle, Hinterlist
pōnere, pŏsuī	setzen, stellen, legen
velle, vōlō, voluī	wollen → *V 3.5*
cōnsilium	Rat, Plan, Beschluss
ōmittere, -mīsī → mittere	loslassen, aufgeben
repetere, -petīvī	(wieder) aufsuchen, wiederholen; somnum r.: sich wieder schlafen legen
dīcere, dīxī	sagen, sprechen, behaupten, nennen
nīl	nichts
esse, sum, fuī	sein, vorhanden sein → *V 1.1*

16
D solvent, obskur, liberal, familiär, ‹Gast›, konstant, kosten, Potentat, servieren
E to solve, obscur, luxury, familiar, audacity, host, to incite, constant, to serve
F le roi, règne, mettre, ouvert, obscur, luxe, vaincre, libre, humilier, l'audace, hôte, inciter, coûter, nous, se, servir

17
D Hospiz, Hospital, Notiz, Petition, Video, Position, repetieren (wiederholen)
E noted, count, insidious, counsel, to omit, to repeat
F venir, l'hôpital, note, petition, le comte, voire, poser, le conseil, omettre, répéter, dire

8	**iterum** *(Adv.)*	wiederum, zum zweiten Mal
	mortuus, -a, -um	tot
	vulnus, -eris *n.*	Wunde
	gravis, -e	schwer, wichtig
	ostendere, -tendī	zeigen
	corpus, -oris *n.*	Körper; Leichnam
11	**tandem** *(Adv.)*	endlich
	currere, cucurrī	laufen, eilen
	invĕnīre, -vēnī	finden
	iūdex, -dicis *m.*	Richter
	trādere, trādidī	übergeben, überliefern, berichten
PE	**agere**, ēgī	treiben, betreiben, (ver)handeln
	clādēs, -is *f.*	Unglück, Niederlage, Katastrophe
	dē *(beim Abl.)*	von, von ... herab; über
	discere, didicī	lernen
	legere, lēgī	lesen
	liber, -brī *m.*	Buch
	mănēre, mansī	bleiben

18 *Zur Wiederholung*
audire, narrare, putare, ridere
clades, dominus, homo, lapis, nox, oppidum, vita
alius, mille, nonnulli, tres, unus
bene, certe, fere, hīc, numquam, nunc
qui (quae, quod), ante

	annus	Jahr
	flōrēre	‚blühen', in Blüte stehen
	silentium	Ruhe, Stille
5	**mōns**, montis *m.*	Berg
	dēlēre, -ēvī	zerstören, vernichten
	tacēre	schweigen, verschweigen
	pergere, perrēxī	fortsetzen, weitermachen
	mors, mortis *f.*	Tod
9	**nōnne** *(im Fragesatz)*	doch wohl
	Nōnne interfuistī?	Warst du etwa nicht dabei? Du warst doch wohl dabei?
	interesse, -sum, -fuī *(mit Dat.)*	dazwischen sein, teilnehmen
	Lūdō intersumus.	An dem Spiel nehmen wir teil.
	ridēre, rīsī	lachen
	accidere, accĭdit	sich ereignen, geschehen
13	**testis**, -is *m.*	Zeuge
	calamitās, -tātis *f.*	Schaden, Unglück
	nŏvisse, nōvī	kennen, wissen

19 *Zur Wiederholung*
accedere, advenire, cingere, credere, dicere, discedere, dividere, excitare, iubere, relinquere, repetere, solere, surgere, videre, vivere
animal, annus, familia, frater, homo, hora, ignis, liberi, lux, mater, nox, oppidum, parentes, pars, servus, sol, tectum, terra, vox
alius ... alius ..., alius, altus, angustus, apertus, gravis, ingens, meus, multi, noster, omnes, plenus, tuus, verus
hīc, itaque, non modo ... sed etiam ..., nunc, sicut, tandem, tum, una, qui (quae, quod)
a/ab, apud, at, cum, dum, e/ex, et ... et ..., nam, quamquam, si

	annum X agere	im xten Jahr stehen
	stŭdium	Vorliebe, Bemühung, Beschäftigung, Studium
	ōtium	(arbeitsfreie Zeit:) Freizeit, Muße
	causā *(beim Gen.)*	wegen
	parentum causā	wegen der Eltern
	tempus, -oris *n.*	Zeit
	vehemēns, -ntis	heftig
	crēdere, -didī	glauben, anvertrauen
	movēre, mōvī	bewegen
	ēvertere, -vertī	umstürzen, zerstören
	surgere, surrēxī	aufstehen, sich erheben
6	**volēbam** → **velle**	ich wollte → *V 3.5*
	aedēs, aedis *(Sg.)*, aedium *(Pl.) f.*	*(Sg.)* Tempel, *(Pl.)* Haus
	relinquere, -līquī	zurücklassen, verlassen
	mare, maris *n.*	Meer

17
D iterativ, gravierend, ostentativ, Korpus, Kurier, tradieren, Tradition, agieren
E grave, corpse, judge, to act
F itératif, mort, vulnérable, grave, l'ostentation, le corps, courir, le juge, tradition, agir, de, lire, le livre
18
D florieren, Mortalität, Interesse, Testat
E silence, mount, to delete, interest, accident, to testify, calamity
F l'an, silence, le mont, se taire, la mort, l'interêt, rire, l'accident, calamité
19
D Studium, Tempus, vehement, Kredit, Motor, Relikt (Überbleibsel), Reliquie, Marine, maritim
E study, because of, (past) tense, vehement, credit, to move, to relinquish
F l'étude, à cause de, le temps, véhément, croire, mouvoir, surgir, relique, la mer

prīmus, -a, -um	erster
adhūc *(Adv.)*	bis jetzt, noch
dŭbius, -a, -um	zweifelhaft, unentschieden
9 **prōdūcere**, -dūxī → dūcere	vorführen
iubēre, -iūssī	befehlen, auffordern
campus	freier Platz, Feld
contrārius, -a, -um	entgegengesetzt
quasi *(Adv.)*	wie wenn, als ob; gleichsam
lītus, -oris *n.*	Küste, Strand
prōcēdere, -cessī	voranschreiten, vorrücken
15 **vivere**, vīxī	leben
perīre, -eō, -iī	zugrunde gehen, umkommen
turba	Gewühl, Menge, Masse
coniūnx, coniŭgis *m./f.*	Gatte, Gattin
requīrere, -quīsīvī → quaerere	(auf)suchen
advĕnīre, -vēnī	(her)ankommen
20 **āter**, ātra, ātrum	schwarz, düster
dēscendere, -ndī	herabsteigen
cingere, cinxī	gürten, umgeben
tergum	Rücken
imminēre	(be)drohen
rūrsus *(Adv.)*	wieder, wiederum
discedere, -cessī	weggehen, verschwinden
26 **tamen** *(Adv.)*	dennoch, (je)doch
quālis, -e	wie beschaffen, (gleich) wie
dēficere, -iō, -fēcī *(mit Akk.)* → facere	abfallen, schwinden, fehlen; *(hier:)* sich verfinstern
occurrere, occurrī	entgegentreten, begegnen
ŏculus	Auge
mūtāre	tauschen, wechseln, ändern
timor, -ōris *m.*	Furcht, Angst
exigere, -ēgī → agere	vollenden; einfordern, verbringen
PE **adesse**, -sum, -fuī *(mit Dat.)*	anwesend sein, da(bei) sein, beistehen, helfen
adversus, -a, -um	gegenüberstehend, feindlich, ungünstig
aspicere, -iō, -spexī	anschauen, erblicken
cadere, cecĭdī	fallen
capere, -iō, cēpī	fassen, fangen, nehmen
clārus, -a, -um	hell, klar, berühmt
claudere, -sī	abschließen, einschließen
colligere, collēgī	sammeln, folgern
ducere, dūxī	ziehen, führen
ēdere, ēdidī	herausgeben, vollbringen; veranstalten
effŭgere, -iō, -fūgī	entfliehen, entkommen
exīre, -eō, -iī	herausgehen
fīnīre	begrenzen, beenden
frūstrā *(Adv.)*	vergeblich, umsonst
mĕdicus	Arzt
mittere, mīsī	schicken, gehen lassen
posse, possum, potuī	können → *V 1.1*
scrībere, scrīpsī	schreiben

Caput sextum

ZO *Zur Wiederholung*
appropinquare, audire, bibere, capere, clamare, condere, deesse, dicere, inesse, ponere, reperire, ridere, solere, vendere, videre
aedificium, amicus, diligentia, fortuna, frumentum, mercator, miles, pars, vinum
dubius, magnus, meus, obscurus, omnes, plenus, quantus, itaque, potius, quam, tamen, tandem, qui (quae, quod)
a/ab, cum, e/ex, enim, inter, vel

aditus, -ūs *m.*	Zugang
hĭc, haec, hŏc	dieser (hier), der hier → *N 3.3.1*
inesse, -sum, -fuī *(mit Dat.)*	enthalten sein, sich befinden
ille, illa, illud	dieser (dort), der dort, jener → *N 3.3.2*
is, ea, id	er (sie, es), dieser, der(jenige) → *N 3.1*
4 **deesse**, -sum, -fuī	abwesend sein, fehlen

19
D Primus;
Prim, dubios, produzieren, Kampf, Campus (Universitätsgelände), konträr, quasi, Prozedur, Prozess, turbulent, Requisit, Advent, umzingeln, imminent, Qualität, Defizit, Okular, mutieren, exakt, Kadenz, kapieren, klar, Klause, Klausur, Kollekte, edieren, definieren, frustriert, potent

E prime, dubious, to produce, camp, contrary, to proceed, to perish, to require, to descend, imminent, to occur, eye, to mutate, exact, adverse, clear, to close, to collect, to edit, exit, to finish

F premier, -ère, produire, le champ, contraire, quasi, littoral, procéder, périr, réquisition, descendre, quel, qualité, l'occurence, l'œil, mutuel, exact, exiger, clair, clos, éditer, finir, frustrer, mettre, pouvoir

	iste, ista, istud	dieser, diese, dieses (da) → *N 3.3.3*
	reperīre, repperī	(wieder) finden
	incendere, -ndī	anzünden, entflammen
10	**expōnere**, -pŏsuī	aussetzen, darlegen
	condere, -didī	verwahren, unterbringen
	exercitus, -ūs *m.*	Heer
	collocāre	aufstellen, stationieren
	frūctus, -ūs *m.*	‚Frucht', Ertrag, Gewinn
	fructum capere	Gewinn ziehen, erzielen
	classis, -is *f.*	Abteilung; Flotte
	imperātor, -ōris *m.*	Befehlshaber, Feldherr, Kaiser
15	**portus**, -ūs *m.*	Hafen
	cāsus, -ūs *m.*	Fall, Zufall
	modicus, -a, -um	‚mäßig', bescheiden
	bibere, bibī	trinken
	sūmptus, -ūs *m.*	Aufwand, Kosten
21	**manus**, -ūs *f.*	Hand; Schar
	inter manūs est	es liegt auf der Hand
	ūsus, -ūs *m.*	Gebrauch, Nutzen, Umgang
	ūsuī esse	von Nutzen sein
PE	**abīre**, -eo, -iī	weggehen
	alere, -uī	nähren, ernähren, großziehen
	dēns, dentis *m.*	‚Zahn'
	emere, ēmī	kaufen
	vendere, -didī	verkaufen

21 *Zur Wiederholung*

capere, condere, consulere, credere, ferre, haerere, interrogare, ostendere, providere, respondere, ridere, vendere, videre, vivere
annus, bellum, casus, fortuna, gens, liber, locus, manus, oculus, populus, pretium, puer, vita
magnus, meus, mille, multi, natus, nobilis, noster, omnes
adhuc, ergo, itaque, olim, potius, satis, tamquam, ut, vix
is (ea, id), hic (haec, hoc), ille (illa, illud), iste (ista, istud), nil = nihil, qui (quae, quod)
ante, dum, nisi, per, vel

	sinister, -tra, -trum	links
	situs, -a, -um	gelegen, liegend
	inquit *(eingeschoben)*	sagt(e) er/sie
	domus, -ūs *f.*	Haus
	vātēs, -is *m./f.*	Weissager(in), Seher(in), Dichter(in)
	nōmen, -minis *n.*	‚Name', Begriff
5	**ipse, ipsa, ipsum**	selbst (hoc ipsum: genau dies) → *N 3.4*
	respondēre, -ndī	antworten
	dēcēdere, -cessī	weggehen
	dē vitā dēcēdere	aus dem Leben scheiden, sterben
	proprius, -a, -um	eigen
	lēgātiō, -ōnis *f.*	Gesandtschaft
	admonēre → monēre	ermahnen, erinnern
10	**quiētus**, -a, -um	ruhig, still
	haerere, haesī	hängen (bleiben), stecken bleiben
	vīs, vim, vī; *Pl.:* virēs *(f.)*	Kraft, Gewalt, Macht
	senectūs, tūtis *f.*	hohes Alter, (Greisen-)Alter
	cornū, -ūs *n.*	‚Horn', Heeresflügel
	cēnsēre	schätzen, meinen
	modo *(Adv.)*	eben (gerade), nur
	referre, referō, rettulī	bringen, berichten
	ēventus, -ūs *m.*; → venīre	Ausgang, Ereignis
	ratiō, -ōnis *f.*	Berechnung, Methode, Vernunft, Grund
	hūmānus, -a, -um	menschlich, gebildet
15	**fāma**	Gerücht, Geschichte
	saeculum	Zeitalter, Jahrhundert
	prōvidēre, -vīdī	vor(her)sehen, sorgen für, kümmern um
	dŭx, dŭcis *m.*	Führer, Feldherr
	sēnsus, -ūs *m.*	Wahrnehmung, Empfindung, Sinn
	carēre *(mit Abl.)*	frei sein von, nicht haben
	Hodiē ōtiō careō.	Heute habe ich keine Zeit.
19	**pāx**, pācis *f.*	Frieden
	māiōrēs, -rum	Vorfahren, Ahnen
	templum	Heiligtum, Tempel
23	**pietās**, -tātis *f.*	Pflichtgefühl, Ehrfurcht

20

D Repertoire, exponieren, Klasse, Imperator, Kasus, Manual, manuell, Usus, Dentist
E to expose, to collocate, fruit, class, emperor, port, case, sumptuousness, use, dentist
F répertoire, incendier, exposer, le fruit, la classe, l'empereur, le port, le cas, modique, boire, somptueux, la main, l'usance, le dent, vendre

21

D Situation, Dom, Nomen, proper, Delegation, zensieren, referieren (über etw. berichten), eventuell, rational, human, Fama, Säkulum, Säkularisation, Provision, Her‚zog', Sensor, Pazifist, Pietät
E situation, noun, to respond, proper, to admonish, quiet, to adhere to, to refer, event, reason, human, fame, to provide, duke, sense, to care, peace, temple, piety
F situation, le nom, répondre, propre, légation, inquiet, -ète, la corne, référer, la raison, humain, fameux, le siècle, provision, le duc, sens, la paix, temple, la piété

cōnsulere, -suluī	um Rat fragen, sorgen für; befragen
magistrātus, -ūs *m.*	Amt, Amtsträger, Behörde, Beamter
fraus, fraudis *f.*	Betrug, Schaden, Täuschung

22 *Zur Wiederholung*

capere, dare, dicere, edere, nolle, novisse, putare, salve! salvete!, venire
adulescens, amicus, civis, civitas, forum, ludus, mulier, servus, tempus, vox
carus, celer, clarus, gravis, iucundus, omnes, optimus
hodie, num, quī, quoque, semper, tam, tamquam, tum, undique
aliquī (aliqua, aliquod), hic (haec, hoc), iste (ista, istud), mecum, qui (quae, quod), de, enim, et ... et ...

mūnus, -eris *n.*	Amt, Aufgabe, Geschenk; mūnus gladiātōrium: Gladiatorenspiel
beneficium	Wohltat, Großzügigkeit
sānē *(Adv.)*	gewiss, allerdings
5 **negōtium**	Geschäft, Aufgabe, Arbeit
occupāre	einnehmen, besetzen, beschäftigen
pūgnāre	kämpfen
convertere, -vertī	umwenden
sē convertere	sich verändern, wandeln
10 **quō** *(Adv.)*	wo
tōtus, -a, -um	ganz
vocāre	rufen, nennen, bezeichnen
ōrātor, -ōris *m.*	Redner
concurrere, -currī	zusammenlaufen
14 **sinere**, sīvī	(zu)lassen, erlauben
sēdēs, sēdis *f.*	Sitz, Wohnsitz
volvere, volvī	drehen; *(Pass.:)* sich drehen, ablaufen
suādēre, suāsī	raten
persuādēre, -suāsī *(mit Dat.)*	überreden, überzeugen
Tibi persuāsī.	Ich habe dich überzeugt.

23 **Ab dieser Lektion wird bei den Verben, soweit sie nicht zum „Normaltyp" der jeweiligen Konjugation gehören, die vollständige Stammformenreihe aus *Infinitiv, Perfekt Aktiv, Partizip der Vorzeitigkeit Passiv* angegeben. Bei Verben, deren Bedeutung du bereits kennst, die jedoch im Perfekt Aktiv oder Perfekt Passiv unregelmäßig sind, werden die Stammformen zu Beginn des jeweiligen Lesestücks, in dem sie wieder auftreten, zur Wiederholung am Ende des Kastens in alphabetischer Reihenfolge aufgeführt.**

Zur Wiederholung

audire, capere, clamare, crescere, dare, habere, iacere, incipere, intrare, mittere, movere, parare, petere
adulescens, clamor, dens, eventus, ferrum, homo, ludus, mors, munus, oculus, periculum, populus, servus, vox
audax, ingens, magnus, multi, similis
adhuc, bene, cito, cur?, deinde, huc, olim, statim, subito, tam, tamquam, tandem, hic (haec, hoc), ille (illa, illud), nihil, qui (quae, quod)
a/ab, cum, dum, enim, nisi, quamquam

Stammformen

agere, ēgī, actum	(be)treiben, (ver)handeln
capere, capiō, cēpī, captum	nehmen, fassen, fangen
colligere, -lēgī, -lectum	sammeln, zusammenbringen, folgen
concurrere, -currī, -cursum	zusammenlaufen
crēscere, crēvī, crētum	wachsen
dare, dō, dedī, datum	geben
dīcere, dīxī, dictum	sagen, sprechen, behaupten, nennen
dīvidere, -vīsī, -vīsum	trennen, teilen
ēdere, ēdidī, ēditum	herausgeben, vollbringen, veranstalten
facere, -iō, fēcī, factum	tun, machen, herstellen
frangere, frēgī, fractum	(zer)brechen
iacĕre, -iō, iēcī, iactum	werfen
incĭpere, -iō, coepī, coeptum	anfangen

21
D konsultieren, Magistrat
E to consult
F magistrat, fraude

22
D Benefizveranstaltung, okkupieren, konvertieren, total, Vokativ, l'orateur, konkurrieren, Konkurs
E benefit, to occupy, total, orator, to concur, to persuade
F occuper, tout, évoquer, concourir, siège

invĕnīre, -vēnī, -ventum	finden, erfinden
iubēre, iūssī, iussum	befehlen, auffordern
legere, lēgī, lēctum	lesen, sammeln
mittere, mīsī, missum	werfen, schicken, gehen lassen
movēre, mōvī, mōtum	bewegen
neglegere, -lēxī, -lectum	vernachlässigen, nicht beachten
ostendere, -ndī, -ntum	zeigen, darlegen
petere, petīvī, petītum	streben, bitten, angreifen
relinquere, -līquī, -lĭctum	zurücklassen, verlassen
rīdēre, rīsī, rīsum	lachen, verspotten
scrībere, scrīpsī, scrīptum	schreiben
trādere, -didī, -ditum	übergeben, überliefern, berichten
vidēre, vīdī, vīsum	sehen
vincere, vīcī, victum	siegen, besiegen

concursus, -ūs *m.*	Auflauf
īnferre, īnferō, intulī, illātum	hineintun, antun; sē īnferre: sich begeben
omnis, -e	jeder, ganz; *(Pl.)* alle
cōnspectus, -ūs *m.*	Anblick
pēs, pĕdis *m.*	‚Fuß'
5 **cūstōs**, -ōdis *m.*	Wächter
sanguis, sanguinis *m.*	Blut
plērīque, -aeque, -aque	die meisten
gladius	Schwert
sīgnum	Zeichen, Feldzeichen, Merkmal
pūgna	Kampf, Schlacht
adversārius	Gegner, Feind
10 **māximus**, -a, -um	der größte
recipere, -iō, -cēpī, -ceptum	zurücknehmen, aufnehmen; sē r.: sich zurückziehen
impetus, -ūs *m.*	Angriff
simulāre	darstellen, vortäuschen
simul *(Adv.)*	gleichzeitig, zugleich
aura	Luft, Hauch, Gunst
pellere, pepulī, pulsum	(ver)stoßen, schlagen
iactāre → iacere	schleudern, werfen
15 **quārē** *(Adv.)*	weshalb? warum?
timidus, -a, -um	furchtsam
parum *(Adv.)*	wenig, zu wenig
libenter *(Adv.)*	gern
20 **super** *(beim Akk. oder Adv.)*	über, über ... hinaus, darüber
super capita	über die Köpfe
caput, capitis *n.*	Kopf, ‚Haupt'; Hauptstadt
laudāre	loben, preisen
contrā *(Adv.)*	dagegen
egō contrā	ich dagegen
vultus, -ūs *m.*	(Gesichts-)Ausdruck, Miene
27 **iūdicāre**	urteilen, (be-)urteilen, richten
praemium	Belohnung, Prämie
ōrnāre *(mit Abl.)*	schmücken, ausstatten
grātus, -a, -um	angenehm, dankbar
vidērī, videor, vīsus, -a sum (*Pass. zu* vidēre)	gesehen werden, (er)scheinen
31 **necāre**	töten, hinrichten
post (*beim Akk.*)	hinter, nach
post Chrīstum nātum	nach Christi Geburt
nūntiāre	berichten, verkünden
perficere, -iō, -fēcī, -fectum	ausführen, vollenden
accipere, -iō, -cēpī, -ceptum	annehmen, vernehmen, empfangen
merēre	verdienen, sich verdient machen
PE **antīquus**, -a, -um	alt, altertümlich
compōnere, -pŏsuī, -pŏsitum	„zusammensetzen": ordnen, schlichten; abfassen
flūmen, -minis *n.*	Fluss, Strom
initium	Eingang, Anfang
postquam *(Konj.)*	nachdem
referre, -ferō, rettŭlī, relātum	bringen, berichten
sūmere, sūmpsī, sūmptum	nehmen, an sich nehmen
tantum *(Adv.)*	nur
ratiō tantum	nur die Vernunft

23

D Konkurs, Omnibus, Pedal, Kustos, Küster, Sanguiniker, Gladiole, Signal, Maximum, rezipieren, Rezeption, Impetus, simulieren, simultan, Aura, Puls, super, Kapitel, Kapitell, Laudatio, contra, judizieren, Prämie, Ornat, Vision, Perfekt, akzeptieren, Meriten, antik, komponieren, Initiale; initiieren, referieren (über etw. berichten)

E sign, adversary, maximum, to receive, impetus, to simulate, chief, to judge, premium, vision, perfect, to accept, to merit, to compose, to refer

F le concours, le pied, le sang, signe, le maximum, recevoir, simuler, simultané, timide, sur, chef, capitale, louer, contre, juger, orner, vision, parfait, accepter, mériter, antique, composer, référer

Caput septimum

24

Zur Wiederholung
dicere, facere, laborare, putare, ridere, suscipere
homo, iter, periculum, pes, vir, vita
ceteri, dives, iucundus, mirus, multi, nobilis, noster, totus
hīc, nunc, quoque, sicut, vere, nihil, qui (quae, quod)
atque, ac, nisi, a/ab, per, vel

Stammformen

suscipere, -io, -cēpī, -ceptum	übernehmen, auf sich nehmen

equidem (egō + quidem)	ich für meine Person
2 **loca**, -ōrum *n. (Pl. zu* locus)	Orte; Gegend; Gelände
inānis, -e	leer, wertlos, unnütz
6 **ūtilis**, -e	nützlich, brauchbar
nāvigāre → nāvis, agere	segeln, zur See fahren
necesse est	es ist nötig

PE

animus	Geist, Seele, Mut
carmen, -inis *n.*	Lied, Gedicht
cupidus, -a, -um *(mit Gen.)*	begierig
cupidus glōriae	begierig auf Ruhm, ruhmsüchtig
prōdesse, -sum, -fuī *(mit Dat.)*	nützen, nützlich sein
scientia → scīre	Wissen, Kenntnis, Wissenschaft

25

Zur Wiederholung
cogitare, credere, ducere, inquit, interrogare, laudare, narrare, nolle, parare, respondere, tradere
adulescens, aedes, amicus, frater, homo, mare, nauta, orator, parentes, ventus, vir
dives, meus, mortuus, pulcher, tuus
certe, deinde, potius, quoque, statim, tam, tamen
is (ea, id), hic (haec, hoc), ille (illa, illud), ipse (ipsa, ipsum), me, secum, tecum
de, dum, et ... et ..., per, praeter, vel

Stammformen

cōnsulere, suluī, -sultum	um Rat fragen, sorgen für
gerere, gessī, gestum	tragen, (aus)führen
īre, eō, iī, ĭtum	gehen, fahren, reisen
ōmittere, -mīsī, -missum	loslassen, aufgeben, wegwerfen
respondēre, -spondī, -spōnsum	antworten

diēs, diēī *m./f.*	Tag *(m.)*; Termin *(f.)*
diēs āter	schwarzer Tag
tranquillus, -a, -um	still, windstill
nāvis, -is *f.*	Schiff
ēdūcere, -dūxī, -ductum → dūcere	herausführen, *(hier:)* auslaufen lassen
addūcere, -dūxī, -ductum → dūcere	heranführen, veranlassen; *(hier:)* zu jd. führen
speciēs, -iēī *f.*	Blick, Anschein, Gestalt
praebēre → habēre	gewähren, zeigen, (an)bieten
6 **rēs**, rĕī *f.*	Gegenstand, Sache, Angelegenheit
iuvenis, -is *m.*	junger Mann; jung
laetus, -a, -um	froh, fröhlich, heiter
ascendere, -ndī, -ēnsum	hinaufsteigen, besteigen
vehī, vehor, vectus, -a sum	fahren, befördert werden
Raedā vehor Rōmam.	Ich fahre mit einem Wagen nach Rom.
ōra	Küste
vīlla	Landhaus, Landgut
dēlectāre	erfreuen, unterhalten
10 **sevērus**, -a, -um	ernst, streng
tālis, -e	derartig, solch
habitāre	wohnen, bewohnen
quidem *(Adv.)*	gewiss, wenigstens, allerdings, zwar
spēs, speī *f.*	Hoffnung, Erwartung
14 **tenēre**, tenuī, tentum	(fest)halten, besitzen
fidēs, fideī *f.*	Treue, Zuverlässigkeit, Vertrauen
perniciēs, -iēī, *f.*	Verderben, Unglück
auctor, -ōris *m.*	Urheber, Schriftsteller
rēs adversae *(Pl.)*	Unglück

24
D lokal, navigieren, Sciencefiction
E local, to navigate, cupidity, science
F local, utile, naviguer, l'âme, science

25
D Tranquilizer, Spezies (Sorte), real, Aszendent (Aufgangspunkt eines Gestirns), Villa, sich delektieren, Autor, real
E tranquilizer, to adduce, species, to ascend, severe, to inhabit, faith, author
F tranquille, la nef (Kirchenschiff); le navire, l'espèce, ne ... rien, jeune, ascendant, la ville, sévère, tel, telle, habiter, ésperance, tenir, la foi, l'auteur, ne ... rien

PE

cūra	Sorge, Pflege, Behandlung
cūrae esse	kümmern um
X mihī cūrae est	ich kümmere mich um X
magis *(Adv.)*	mehr, eher
magis magisque	mehr und mehr, immer mehr
rēs pūblica, reī pūblicae *f.*	Gemeinwesen, Staat
saepe *(Adv.)*	oft
vester, -tra, -trum	euer → *N 3.6c*
10 **fruī**, fruor, frūctus, -a sum *(mit Abl.)*	genießen, sich erfreuen
sequī, sequor, secūtus, -a sum *(mit Akk.)*	folgen, sich anschließen
querī, queror, questus, -a sum	klagen, sich beklagen

PE

adhibēre, -hibuī, -hibitum	hinzuziehen, anwenden
ante *(Adv.)*	vorher, zuvor

26 *Zur Wiederholung*

adesse, aspicere, videri
dies, iuvenis, mare, nauta, navis, officium, poeta, vita
alius ... alius ..., ceteri, talis
sicut, statim, tamen, undique
hic (haec, hoc), ille (illa, illud), me, nihil, qui (quae, quod), dum, nisi

Stammformen

aspicere, -iō, -spēxī, -spectum	anschauen, erblicken
cōnspicere, -iō, -spēxī, -spectum	erblicken
cōnstāre, cōnstat, -stitit *(m. AcI.)*	es steht fest

loquī, loquor, locūtus/-a, sum	sprechen, reden
tempestās, -tātis *f.*	Wetter, Unwetter, Sturm
ūtī, ūtor, ūsus, -a sum *(mit Abl.)*	gebrauchen, benutzen
ratiōne ūtī	den Verstand gebrauchen
morārī → mora	sich aufhalten, verzögern
admīrārī → mīrus	bewundern, sich wundern
unda	Welle, Woge
persequī, -sequor, -secūtus, -a sum	(ver)folgen, einholen
5 **recitāre**	vorlesen, vortragen
flūctus, -ūs *m.*	‚Flut'
dulcis, -e	süß, lieblich
uterque, utraque, utrumque	jeder *(von zweien)*, beide
uterque amīcus	beide Freunde

27 *Zur Wiederholung*

appropinquare, aspicere, dicere, ostendere, servare, videre, videri
amicus, ignis, lapis, locus, lux, mare, mors, nauta, navis, nox, periculum, portus, tempestas
magnus, nonnulli, primus
tandem, ut, valde
is (ea, id), hic (haec, hoc), ille (illa, illud), qui (quae, quod), dum, a/ab, e/ex, quod, sub

Stammformen

pergere, perrēxī, perrectum	fortsetzen, weitermachen

procul *(Adv.)*	fern (von), aus der Ferne
oblīvīscī, oblītus, -a sum *(mit Gen.)*	vergessen
īra → īrātus, -a, -um	Zorn
turris, -is *f.*	‚Turm'
5 **prīnceps**, -cipis *m.*	„erster": Fürst, Kaiser, Princeps
regere, rēxī, rēctum	lenken, leiten
fatērī, fateor, fassus, -a sum	gestehen
grātia	Beliebtheit, Ansehen; Gefälligkeit, Dank
grātiās agere, ēgī, actum	Dank abstatten, danken
dīligēns, -ntis	sorgfältig, gewissenhaft
dīrigere, -rēxī, -rēctum	lenken, steuern
10 **statuere**, -uī, -ūtum	aufstellen, beschließen
anteā *(Adv.)*	vorher, früher
proficīscī, -ficīscor, -fectus, -a sum	aufbrechen, (ab)reisen; marschieren

25
D Kur, Republik
E cure, republic
F cure, mais, république
26
D Kolloquium, rezitieren, Fluktuation, Sequenz, Querulant
E tempest, to use, to admire, to persecute, to recite
F la tempête, user, admirer, l'onde, persécuter, réciter, doux, douce, votre, suivre, suite, la querelle
27
D Prinz, regieren, Regie, Grazie, gratis, Dirigent, Statut
E oblivion, tower, prince, grace, diligent
F oublier, la tour, prince, la grace, statut

PE

aspectus, -ūs *m.*	Anblick, Aussehen
dolor, -ōris *m.*	Schmerz
intellegere, lēxī, -lēctum	erkennen, verstehen
pervěnīre, -iō, -vēnī, -ventum	hinkommen, (hin)gelangen

Caput octāvum

28 *Zur Wiederholung*

abire, adesse, audire, censere, clamare, claudere, exspectare, frangere, incendere, incitare, putare, recipere, retinere, terrere, venire, vocare
amicus, canis, homo, ira, manus, porta, sol, tempus, verbum
alius ... alius ..., alius, medius, meus, unus
adhuc, hīc, subito, hic (haec, hoc), ille (illa, illud), iste (ista, istud), me, qui (quae, quod)
a/ab, ante, aut, cum, e/ex, enim, etiam, num, vel

Stammformen

abīre, -eō, -iī, -ĭtum	weggehen
censēre, -uī, censum	schätzen, meinen
claudere, clausī, clausum	abschließen, einschließen
currere, cucurrī, cursum	laufen, eilen
gaudēre, gaudeō, gavisus, -a sum	sich freuen
incendere, -ndī, -nsum	entzünden, entflammen
prōdūcere, -dūxī, -ductum	vorführen
retinere, -tinuī, -tentum	festhalten, zurückhalten
věnīre, vēnī, ventum	kommen

exercēre	(aus)üben, bearbeiten
propinquus, -a, -um	nahe(liegend), benachbart; verwandt; Nachbar
6 **interdiū** *(Adv.)*	bei Tage
recēns, -ntis	neu, frisch
vehere, vēxī, vectum	ziehen, bringen, (etwas) fahren
Frūmentum plaustrō vehō.	Das Getreide bringe ich mit dem Wagen.
10 **senātor**, -ōris *m.*	Senator
aperīre, -ruī, -rtum	öffnen, aufdecken
an?	oder?
rūrī *(Adv.)*	auf dem Land
unde *(relativisch)*	woher, von wo
16 **dictum** → dīcere	Wort, Äußerung, Spruch
ōrātiō, -ōnis *f.*	Rede
superāre	überwinden, überwältigen
metus, -ūs *m.*	Furcht, Besorgnis

PE

dūcere, dūxī, ductum	ziehen, führen; glauben, meinen
longus, -a, -um	lang, weit
minimus, -a, -um	der kleinste

29 *Zur Wiederholung*

accipere, cenare, cernere, conspicere, cupere, delectare, dicere, discedere, facere, ferre, frangere, iacere, inquit, intrare, iubere, laudare, loqui, necesse est, parēre, posse, praeterire, recitare, respondere, scribere, sinere, spectare, stare, tacere, venire, vivere
amicus, consilium, dens, homo, iter, malum, nox, odium, periculum, poeta, tectum, vir
alter ... alter ..., ceteri, duo, malus, miser, noster, omnes, propinquus, tuus, unus
certe, domum, hīc, modo, quam, sic, sicut, subito, tam, tamen, unde, valde
hic (haec, hoc), iste (ista, istud), me, mecum, nihil, qui (quae, quod)
ante, at, aut ... aut ..., a/ab, causā, cum, de, dum, e/ex, et ... et ..., nam

Stammformen

cernere, crēvī, crētum	wahrnehmen, sehen, erkennen
cupere, -iō, -ivī, -ītum	wünschen, wollen, begehren
discedere, -cessī, -cessum	auseinander gehen, weggehen, verschwinden
docēre, docuī, doctum	lehren, unterrichten
ferre, ferō, tŭlī, lātum	tragen, bringen, ertragen
praeterīre, -eō, -iī, -ĭtum	vorübergehen, *(zeitl.)* vergehen
sinere, sīvī, situm	(zu)lassen, erlauben
solēre, soleō, solitus, -a sum	gewohnt sein, pflegen
stāre, stō, stětī, (stātūrum)	stehen

27
D Aspekt, intelligent
E aspect
F aspect, la douleur

28
D Exerzizien, exerzieren, rezent, Vehikel, Senator, Aperitif, rustikal, Oratiorium, minimal
E to exercise, recent, senator, oration, long, minimum
F exercer, récent, véhicule, sénateur, ouvrir, rural, long, le minimum

	commovēre, -mōvī, -mōtum → movēre	bewegen, veranlassen
6	**tot** *(nicht dekliniert)*	so viele
	saevus, -a, -um	wütend, grimmig
	urbs, urbis *f.*	(Haupt-)Stadt; *oft:* Rom
	incendium	Brand, Feuer
	imprīmīs *(Adv.)*	besonders, vor allem
	mēnsis, -is *m.*	Monat
8	**male** *(Adv.)*	schlecht
	difficilis, -e	schwierig
13	**nūllus**, -a, -um	kein, keiner
	arcessere, arcessīvī, arcessītum	herbeirufen, holen
	dīversus, -a, -um	entgegengesetzt, verschieden
17	**animadvertere**, -vertī, -versum	Acht geben, bemerken
	patēre	offen stehen, sich erstrecken
	aliquis, aliquid	(irgend)jemand, (irgend)etwas → *N 3.7*
22	**perterrēre**	(sehr) erschrecken
	īdem, éadem, ĭdem	der-, die-, dasselbe → *N 3.5*
	-ve *(angehängt)*	oder
	paucī, -ae, -a	wenige, nur wenige
	revertī, -vertor, -vertī	zurückkehren

30 *Zur Wiederholung*

adiuvare, audire, cognoscere, delere, gaudere, habere, habitare, intrare, invenire, novisse, perdere, ponere, posse, respondere, ridere, solere, videre
amicus, caput, carmen, cibus, civis, dictum, homo, ignis, lectus, liber, poeta, populus, porta, tectum, urbs, verbum
meus, minimus, omnes, parvus, totus, unus
nunc, tamen, is (ea, id), hic (haec, hoc), ille (illa, illud), nemo, nihil, qui (quae, quod), ecce, prope

Stammformen

adiuvāre, -iūvī, -iūtum *(mit Akk.)*	unterstützen, helfen
cōgnōscere, -gnōvī, -gnītum	kennen lernen, erkennen, erfahren
delēre, delēvī, delētum	zerstören, vernichten
perdere, -didī, -ditum	zugrunde richten, verlieren
pōnere, pŏsuī, pŏsitum	setzen, stellen, legen

	fēlīx, -īcis	glücklich, glückbringend, erfolgreich; fēlīciter! *(hier)*: Glück und Wohlergehen!
2	**senātus**, -ūs *m.*	Senat
	illūstris, -e	berühmt
7	**praeclārus**, -a, -um	ausgezeichnet, berühmt
9	**meminisse** *(mit Gen.)*	sich erinnern, daran denken
	Clāmōris meminī.	Ich erinnere mich an den Lärm.
	dīvīnus, -a, -um	göttlich

31 ◆ *Zur Wiederholung*

appellare, cadere, condere, constituere, cupere, exponere, fieri, interficere, ostendere, posse, salutare, tradere, venire
aetas, caedes, frater, loca, multitudo, murus, nomen, numerus, res, rex, turba, urbs
multi, novus, uterque
is (ea, id), ibi, ita, itaque, tum, a/ab, de, nec

Stammformen

possidēre, -sēdī, -sessum	besitzen

Worterläuterungen im Lesevokabular!

29
D urban, Menstruation, diffizil, Null, divers, Patent, reversibel
E commotion, difficult, diverse, to revert
F urbain, l'incendie, le mois, mal, difficile, nul, divers, patent, peu, réversion

30
D Felix, Senat, illuster, Diva
E felicitous, illustrious, divine
F illustre, divin

Caput nōnum

32 *Zur Wiederholung*

accipere, advenire, amare, audire, cedere, cognoscere, dare, dicere, discedere, ignorare, intrare, iubere, laborare, legere, loqui, manere, miscere, narrare, nolle, novisse, ostendere, parare, putare, quaerere, scribere, tacere, tradere, videre, vincere, vivere, vocare
amicus, animus, aqua, dominus, domus, filius, frater, gaudium, hospes, mater, oppidum, pater, poeta, porta, servus, turba, urbs, verbum, vinum, vir, virgo
gratus, magnus, malus, multi, nonnulli, omnis, parvus, tuus
adhuc, certe, deinde, fere, fortasse, forte, ita, non modo ... sed etiam ..., profecto, quoque, satis, semper, sicut, tum, ut, valde
is (ea, id), ipse (ipsa, ipsum), ante, atque, ac, cum, de, et ... et ..., neque, postquam, vel

Stammformen

advĕnire, -vēnī, -ventum	(her)ankommen
cēdere, cessī, cessum	gehen, weichen
accedere, -cessī, -cessum	herantreten, hinzukommen
interficere, -iō, -fēcī, -fectum	töten
manēre, mansī, mānsum	bleiben, warten
quaerere, quaesīvī, quaesītum	suchenm, fragen, erwerben
sedēre, sēdī, sessum	sitzen
vivere, vīxī, (victurum)	leben

sērō *(Adv.)*	spät, zu spät
indūcere, -dūxī, -ductum	hineinführen
tumultus, -ūs *m.*	Lärm, Unruhe
ātrium	Atrium, Halle
5 **litterae**, -ārum *f. (Pl.)*	Schrift, Brief, Literatur, Wissenschaft
sānus, -a, -um	gesund, bei Verstand
patria → pater	Vaterland, Heimat, Heimatstadt
12 **diū** *(Adv.)*	lange
auris, auris *f.*	‚Ohr'
incĭdere, -cĭdī	in etw. geraten, auf jd./etwas stoßen; sich ereignen
incĭdere in amīcōs	(zufällig) auf die Freunde stoßen
19 **hūmānitās**, -tātis *f.*	Menschlichkeit, Bildung
placēre	gefallen
fēmina	Frau
studēre *(mit Dat.)*	sich bemühen, betreiben, studieren
quiēs, -ētis *f.*	Ruhe, Erholung
PE **aedificāre** → aedificium	bauen
aurum	Gold
numerus	(An)Zahl, Reihe

33 *Zur Wiederholung*

accipere, adiuvare, advenire, appellare, contendere, credere, dare, dicere, habere, habitare, interesse, meminisse, mutare, necesse est, negare, ostendere, pergere, persuadere, petere, posse, proficisci, regere, respondere, scire, scribere, sedere, sequi, tractare, vocare
annus, aspectus, caelum, caput, consilium, custos, deus, fabula, fortuna, frater, homo, mensis, nomen, parentes, puer, tempus, vir, virgo
alius, bonus, certus, duo, malus, miser, multi, noster, omnes, omnis, proximus, tuus, unus, vester
aliquando, bene, certe, cur?, ergo, fere, frustra, huc, ita, numquam, vero
aliquis, aliquid, is (ea, id), ipse (ipsa, ipsum), me, nemo, nihil, qui (quae, quod)
a/ab, cum, de, etiam, nisi, si, sine, super, vel

Stammformen

contendere, -tendī, -tentum	sich anstrengen, eilen, kämpfen, behaupten
fallere, fefellī, (deceptum)	täuschen, betrügen
fierī, fiō, factus, -a sum	werden, geschehen, gemacht werden
intendere, -tendī, -tentum	anspannen, richten auf, beabsichtigen
laedere, laesī, laesum	verletzen
occurrere, -currī, -cursum	entgegentreten, begegnen
persuadēre, -suasī, -suasum *(mit Dat.)*	überreden, überzeugen
procēdere, -cessī, -cessum	voranschreiten, vorrükken
surgere, surrēxī, surrectum	aufstehen, sich erheben

32
D induzieren, Induktion, Tumult, Lettern, sanieren, Patriot, Humanität, Plazet, Placebo, feminin, studieren, Requiem, Aureole, Nummer
E to induct, letter, incident, humanity, to study, number
F induire, tumulte, les lettres, sanitaire, la patrie, l'oreille („auriculum"), incident, l'humanité, plaire, la femme, étudier, quiétude, l'or, le numéro

nescīre	nicht wissen, nicht kennen
nōbīscum	mit uns → *N 3.6a*
concilium	Versammlung
6 **prōvincia**	Amtsbereich, Provinz
factum → facere	Handlung, Tat(sache)
10 **gravitās**, -tātis *f.*	Gewicht, Bedeutung
incertus, -a, -um	unsicher, ungewiss
verērī, veritus, -a sum	sich scheuen, fürchten (nē …: dass …), verehren
religiō, -ōnis *f.*	Gottes-/Götterverehrung, Religion, Aberglaube
prō *(beim Abl.)*	vor, für
certus, -a fierī, fīō, factus, -a sum	*(einer Sache)* sicher sein
Dē ēventū certus nōn fīō.	Über den Ausgang bin ich mir nicht sicher.
14 **prō** *(beim Abl.)*	vor, für
prō certō habēre	für gewiss halten
17 **contemnere**, -mpsī, -mptum	verachten, gering schätzen
regiō, -ōnis *f.*	Richtung, Gegend
mortālēs, -ium *m./f.*	die Sterblichen *(d. h. die Menschen)*
īnstāre, -stō, -stitī	drohen, bevorstehen
20 **memŏria**	Gedächtnis, Erinnerung
īnsula	‚Insel'
rapere, -iō, rapuī, raptum	‚raffen', rauben
sacer, sacra, sacrum	geweiht, heilig, verflucht
intrā *(beim Akk.)*	innerhalb von, in
intrā mūrōs	innerhalb der Mauern
26 **suprā** *(beim Akk.)*	oberhalb, über
suprā montem	oberhalb des Berges; über den Berg hinaus
māgnificus, -a, -um	großartig, prächtig
ūnusquisque, -quaeque, -quodque	jeder Einzelne
aliī … aliī …, -ae, -a	die einen … die anderen …
PE **afficere**, -iō, -fēcī, -fectum	versehen mit etwas, antun, erfüllen (mit)
alter, -era, -erum	der eine (von zweien), der andere, der zweite
brevis, -e	kurz
cōnstituere, -uī, -ūtum	aufstellen, festsetzen, beschließen
cōnsul, -is *m.*	Konsul (höchster röm. Beamter; immer zwei, gewählt auf ein Jahr)
dīvitiae, -ārum *f. (Pl.)*	Reichtum
fore *(Inf. d. Nachz. zu esse)*	= futūrum, -am, -um esse → *CG 12.3.2*
honor, -ōris *m.*	Ehre, Ehrenamt
mīrārī	sich wundern, bewundern
patī, patior, passus, -a sum	(er)leiden, (er)dulden, (zu)lassen

34 ◆ *Zur Wiederholung*

abire, capere, cedere, credere, dare, dicere, dolere, effugere, fieri, gaudere, inquit, ire, necesse est, ponere, solvere, tenere
animus, aqua, arbor, aurum, caelum, copia, corpus, deus, fides, flumen, malum, manus, munus, opes, spes, unda, vinum, vis
dives, laetus, malus, miser, nullus, omnes, totus, tuus
ibi, modo, quoque, tamquam, tum, vero, vix
hic (haec, hoc), ille (illa, illud), ipse (ipsa, ipsum), me, qui (quae, quod), sibi, quamquam

Worterläuterungen im Lesevokabular!

Caput decimum

35 *Zur Wiederholung*

adesse, amare, capere, claudere, condere, dare, dicere, fieri, invenire, licet, praeferre, simulare, videri
ars, civis, homo, honor, mors, pecunia, pes, populus, porta, princeps, vir, vita
ceteri, decem, laetus, mille, multi, nonnulli, praeclarus, tres
hodie, ibi, quoque, tum, vix
is (ea, id), ille (illa, illud), ipse (ipsa, ipsum), sibi, etiam, prae, vel

Stammformen

abesse, absum, āfuī	abwesend sein, fehlen
adīre, -eō, -iī, -ĭtum	herangehen, aufsuchen, bitten
exīre, -eō, -iī, -ĭtum	(her)ausgehen

33

D Konzil, Provinz, Fakt, Gravitation, Region, Memoiren, Insel, sakral, Affekt, Brief, Honorar, Mirakel, Patient, Passiv
E council, province, fact, gravity, religion, to contempt, mortal, memory, isle, sacred, magnificent, to affect, brief, honour, miracle, patient
F le concile, la province, La Provence, (le) fait, incertain, religion, la région, la mémoire, l'île, ravir, sacré, sur, magnifique, autre, bref, l'honneur, patient

	colere, coluī, cultum	bearbeiten, pflegen, verehren
	condere, -didī, -ditum	erbauen, gründen; verwahren, unterbringen
	dēcēdere, -cessī, -cessum	weggehen
	intermittere, -mīsī, -missum	unterbrechen
	licet, licuit, licitum est	es ist erlaubt/möglich, man darf
5	**dēdere**, -didī, -ditum	übergeben, widmen
	singulāris, -e	einzigartig
	artificium	Kunstwerk
11	**excēdere**, -cessī, -cessum	hinausgehen, verlassen
	complēre, -plēvī, -plētum	(an)füllen
	corrumpere, -rūpī, -ruptum	verderben, bestechen
15	**ferunt** → ferre	*(hier:)* man berichtet
	efferre, efferō, extulī, ēlātum	hinaustragen
	reddere, reddidī, redditum	zurückgeben; zu etw. machen

PE

aestās, -tātis *f.*	Sommer
cōnferre, -ferō, -tulī, collātum	zusammentragen, vergleichen
dēfendere, -ndī, -ēnsum	verteidigen, schützen
impōnere, -pŏsuī, -pŏsitum *(mit Dat.)*	einsetzen, auferlegen
invādere, -vāsī, -vāsum	eindringen, angreifen

36 *Zur Wiederholung*

adiuvare, audire, clamare, dare, debere, defendere, facere, fieri, finire, incipere, iubere, placere, repetere, tacere, venire, vocare
adulescens, dominus, pars, pater, populus, puer, servus, silentium, sol, tumultus, vox
alii ... alii ..., magnus, maximus, medius, multi, nonnulli, plerique, severus, totus
cur?, domi, imprimis, iterum, nunc, tamen
hic (haec, hoc), ille (illa, illud), qui (quae, quod), a/ab, atque, ac, de, et ... et ..., etiam, nam

Stammformen

convertere, -vertī, versum	umwenden; se c.: sich verändern, wandeln
deficere, -io, -fēcī, -fectum	abfallen, schwinden, fehlen
fugere, -io, fūgī, (fugiturum)	fliehen, meiden
invĕnīre, -vēnī, -ventum	finden, erfinden
providēre, -vīdī, -vīsum	vor(her)sehen, sorgen für, sich kümmern
transīre, -eō, -iī, -ĭtum	hinübergehen, überschreiten, vorbeigehen

	plūrimī, -ae, -a	die meisten, sehr viele
	aestus, -ūs *m.*	Hitze, Glut
	tuērī, tueor, tūtātus, -a sum	anschauen, beschützen
	tegere, tēxī, tēctum	(be),decken', schützen
7	**opera**	Arbeit, Mühe
	operam dare	sich bemühen
	argūmentum	Beweis, Inhalt, Stück
13	**nōndum** *(Adv.)*	noch nicht
	omnīnō *(Adv.)*	völlig, überhaupt
19	**levis**, -e	leicht, leichtsinnig
	mōs, mōris *m.*	Sitte, Brauch
	modus	,Maß', Art, Weise
24	**fīnis**, -is *m.*	Grenze, Ende, Ziel, *(Pl.)* Gebiet

PE

absolvere, -solvī, -solūtum	loslösen; beenden
hiems, -mis *f.*	Winter, Kälte
occāsiō, -ōnis *f.*	Gelegenheit
vīcīnus, -a, -um	benachbart; Nachbar

Caput ūndecimum

37 *Zur Wiederholung*

clamare, dicere, inesse, inquit, novisse, ostendere, ponere, respondere, servire, uti, videre
discipulus, liber, litterae, orator, orbis, pars, patria, res, tempus, verbum, vir
alius, bonus, diligens, humilis, magnus, malus, minimus, nobilis, nonnulli, noster, omnes, optimus, pulcher, totus, unus
deinde, equidem, hīc, huc, nunc, quam, tum

35
D Singular, Exzess, komplett, korrupt, Elativ, Rendite (Ertrag), Konferenz, Defensive, imponieren, Invasion
E singular, complete, corrupt, to render, to confer, to defend, to impose, to invade
F singulier, l'artifice, l'excès, complet, rendre, l'été, conférer, défendre, imposer, envahir

36
D Intuition, Oper, Operation, Moral, Modus
E argument, mode, occasion
F intuition, l'operation, les moeurs, le mode, le fin, occasion, le voisin

hic (haec, hoc), ille (illa, illud), nihil, qui (quae, quod), atque, ac, cum, de, e/ex, sine, vel

Stammformen

nōvisse, nōvī, nōtum	kennen, wissen

	imāgō, -ginis *f.*	Bild; Büste, Statue
	doctus, -a, -um	gelehrt, gebildet
	nūper *(Adv.)*	neulich, unlängst
5	**ars ōrātōria**	Redekunst, Rhetorik
	dīgnitās, -tātis *f.*	Würde
11	**ingenium**	Begabung, Anlage, Talent
	dīgnus, -a, -um	würdig, wert
	longē *(Adv.)*	weit, bei weitem
	aequālis, -e	gleich(altrig); *(hier:)* Zeitgenosse
16	**causa**	Ursache, Grund; Streitsache
	quā dē causā	aus welchem Grund, weshalb?
	melior, melius; -ōris	besser → *CG 11.1.4*
	peior, peius; -ōris	schlechter → *CG 11.1.4*
	plūs, -ris; *(Pl.)* plūrēs, -ra; -ium	mehr; mehrere, Mehrheit
20	**merērī**, meritus, -a sum	verdienen, sich verdient machen
	Dē litterīs bene meritus est.	Er hat sich um die Literatur sehr verdient gemacht.
	quisque, quaeque, quidque	(ein) jeder
	optimus quisque	gerade die Besten → *N 3.7*
	maximē *(Adv.)*	am meisten, besonders
	ars dīcendī	Redekunst, Rhetorik
PE	**māior**, māius; -ōris	größer
	mĭnor, minus; -ōris	kleiner, geringer
	rogāre	fragen, bitten

38 *Zur Wiederholung*

abire, adesse, adhibere, audire, bibere, clamare, facere, incipere, interrogare, intrare, necesse est, nolle, posse, recitare, ridere

amor, aqua, caput, discipulus, fabula, homo, ingenium, liber, manus, poeta, senex, turba, vita, vox, bonus, dives, divinus, humilis, magnus, malus, miser, nonnulli, omnes, parvus, tuus, unus

ante, ergo, fere, fortasse, maxime, quam, tam, ut, vix

hic (haec, hoc), ille (illa, illud), ipse (ipsa, ipsum), nemo, qui (quae, quod)

at, aut, cum, de, e/ex, inter

Stammformen

sentīre, sēnsī, sēnsum	fühlen, (be)merken, verstehen

	disputāre	auseinander setzen, für und wider sprechen
	spērāre	hoffen, erwarten
	propter *(beim Akk.)*	wegen
	propter hŏc ipsum	gerade deswegen
5	**umquam** *(Adv.)*	jemals
	carpere, -psī, -ptum	pflücken, abreißen
	vōtum	Gelübde, Wunsch
10	**premere**, pressī, pressum	drücken, drängen
PE	**ācer**, ācris, ācre	spitz, scharf, feurig

39 *Zur Wiederholung*

accipere, bibere, facere, incitare, inquit, legere, posse, queri, recipere, respondere, scribere, stare, timere, venire

aqua, causa, fabula, mensis, pater, vis

meus, natus, situs, tuus

contra, cur?, equidem, ita, longe, quī

hic (haec, hoc), idem, eadem, idem, ille (illa, illud), qui (quae, quod), a/ab, ante, atque, ac, propter

	superior, -ius; -ōris	weiter oben
4	**improbus**, -a, -um	schlecht, boshaft, gierig
	vēritās, -tātis *f.*	Wahrheit
11	**āit, āiunt**	sagt(e) er/sie, sag(t)en sie
	fingere, fīnxī, fictum	bilden, darstellen, (sich) ausdenken
	opprimere, -pressī, -pressum	bedrängen, unterdrücken
	nāscī, nāscor, nātus, -a sum	geboren werden, entstehen
PE	**facilis**, -e	leicht

37
D imaginär, kausal, Plural, Meriten, maximal, Majorität
E image, dignity, engineer, equal, cause, to merit, major
F l'image, docte, l'ingenieur, digne, égal, la chose, plusieurs, mériter, majeur
38
D Disput, Exzerpt, pressen, Presse
E to dispute, vote, to press
F espérer, vote, presser
39
D fingieren
E superior, verity, fiction, to oppress, facility
F supérieur, vérité, fiction, opresser, naître, facile

mālle, mālō, māluī < magis velle	lieber wollen, vorziehen
novus, -a, -um	neu
redīre, -eō, -iī, -itum	zurückgehen, zurückkehren
rumpere, rūpī, ruptum	(zer)brechen, zerreißen
vitium	Fehler, Untugend, Schaden

Caput duodecimum

40 *Zur Wiederholung*

adducere, adesse, aedificare, amare, ascendere, debere, delectare, dolere, exspectare, fieri, gaudere, inquit, inspicere, iubere, legere, licet, loqui, posse, proficisci, putare, reperire, reverti, salve! salvete!, scire, sequi, solere, tenere, tradere, venire, videre

amicus, ars, causa, hospes, liber, loca, locus, mensis, miles, mons, munus, occasio, pes, porta, princeps, provincia, senator, templum, villa
alius, alter, altus, duo, improbus, maximus, nobilis, noster, notus, omnes, parvus, pulcher, tres, unus, vester
adhuc, certe, fortasse, forte, frustra, hīc, huc, ibi, itaque, libenter, longe, non modo ... sed etiam ..., nonne, quoque, statim, una, ut
hic (haec, hoc), idem, eadem, idem, ille (illa, illud), is (ea, id), me, qui (quae, quod)
atque, ac, cum, de, e/ex, enim, et ... et ..., nam, per, quod, si, vel

Stammformen

īnspicere, -iō, -spēxī, -spectum	ansehen, besichtigen
reperīre, repperī, repertum	(wieder) finden

	fungī, fūnctus, -a sum Officiō meō fungor.	verwalten, ausüben Ich walte meines Amtes.
	arbor, arbŏris *f.*	Baum
4	**lingua**	‚Zunge', Sprache
	salūtāre	grüßen, begrüßen
	quod *(Konjunktion)*	*(Inhaltssatz:)* dass; *(kausal:)* da, weil
10	**vallis**, -is *f.*	Tal
	imitārī	nachahmen
	perdūcere, -dūxī, -ductum	hinführen
15	**fluere**, flūxī, flūxum	fließen, strömen
	sōlus, -a, -um	allein
23	**invenīre**, -vēnī, -ventum	finden (hingelangen); *(Pass.:)* sich (be)finden
	quaerere, quaesīvī, quaesītum	suchen, fragen *(ex...:* jd.); erwerben
29	**cohors**, -rtis *f.*	Kohorte, Leibwache
	lātus, -a, -um longē lātēque	weit, breit weit und breit
33	**sapientia**	Einsicht, Weisheit
	valēre	gesund sein (valē, valēte: leb(t) wohl!); Einfluss haben, wert sein

PE

dēpōnere, -pŏsuī, -pŏsitum	niederlegen, aufgeben
interīre, -eō, -iī, -ĭtum	zugrunde gehen, untergehen
iūdicium	Gericht, Urteil; Ansicht, Meinung
secundum *(beim Akk.)*	an ... entlang, nach, gemäß
ūllus, -a, -um	(irgend)ein → *N 3.8*
vetus, veteris	alt

41 *Zur Wiederholung*

abire, conferre, dicere, facere, incipere, mori, navigare, proficisci, redire, solere, suscipere, transire, venire, videre
aedes, ara, beneficium, comes, corpus, hospes, insula, iter, loca, modus, mons, nomen, princeps, provincia, sol, templum, terra, celer, multi, tantus
deinde, fere, inde, nunc, statim, tam, ut
hic (haec, hoc), idem, eadem, idem, qui (quae, quod), sibi
apud, atque, ac, nec, per, quod

Worterläuterungen im Lesevokabular!

42 *Zur Wiederholung*

advenire, amare, animadvertere, appropinquare, clamare, credere, dicere, ducere, facere, incipere, inquit, intrare, legere, loqui, necare, orare,

39
D Novum, abrupt
F neuf, -ve, rompre, vice
40
D Funktion, Linguistik, salutieren, imitieren, Solo, deponieren, Veteran
E language, to salute, valley, to imitate, fluid, sole, to invent, question, to depose
F l'arbre, la langue, saluer, vallée, imiter, fluide, seul, inventer, question, latitude, déposer, vétéran

ostendere, prohibere, putare, rogare, superare, vincereannus, calamitas, canis, civitas, deus, dies, filius, homo, lux, malum, mulier, salus, sol, veritas, vir, vis, vox
alter ... alter ..., clarus, divinus, duo, malus, meus, noster, nullus, obscurus, omnes, pauci, primus, tuus, verus
deinde, sicut
hic (haec, hoc), ille (illa, illud), is (ea, id), iste (ista, istud), nihil, qui (quae, quod), ante, e/ex, postquam, pro

3	**utinam**	wenn doch! (o) dass doch!
	nē *(mit Konj. im Hauptsatz)*	(ja) nicht! hoffentlich nicht
	morī, morior, mortuus, -a est	sterben
5	**morbus**	Krankheit
	cōnsistere, -stitī	sich aufstellen, Halt machen, stehen bleiben
16	**līberāre**	befreien
	damnāre	verurteilen, verdammen
19	**excipere**, -iō, -cēpī, -ceptum	ausnehmen
	extrā *(beim Akk.)*	außerhalb von
	extrā mūrōs	außerhalb der Mauern
PE	**lēx**, lēgis *f.*	Gesetz, Gebot
	nec = neque	und nicht, auch nicht
	parere, -iō, peperī, partum → parentēs	gebären, hervorbringen, erwerben

Caput tertium decimum

43 *Zur Wiederholung*
adesse, audire, debere, dicere, ferre, iacĕre, incitare, inferre, inquit, ire, neglegere, parēre, reverti, tacere, timere, venire, vereri, videre, vivere, vocare
bellum, civis, deus, dux, flumen, gratia, locus, mens, miles, mors, oculus, patria, pax, poeta, populus, res, rex, salus, tempus, verbum
cupidus, inimicus, noster, notus, parvus, tuus
fortasse, hīc, nunc, quoque, simul, tam, tum, umquam
hic (haec, hoc), ille (illa, illud), ipse (ipsa, ipsum), is (ea, id), iste (ista, istud), qui (quae, quod), a/ab, ante, contra, de, quod, si, vel

Stammformen

	vendere, -didī, -ditum	verkaufen

	pōns, pontis *m.*	Brücke
	pervĕnīre, -vēnī, -ventum	hinkommen, (hin)gelangen
	bellum cīvīle	Bürgerkrieg
4	**optāre**	wünschen
	nē *(mit Konj.)*	dass nicht, damit nicht
10	**quō** *(Adv.)*	wohin
	crūdēlis, -e	grausam
16	**iūs**, iūris *n.*	Recht, Gericht
	iūre *(Abl.)*	mit Recht
	monēre	erinnern, ermahnen, warnen
	rēs novae *(Pl.)*	Umsturz, Revolution
21	**imperāre** *(mit Dat.)*	befehlen, (be)herrschen
	quisquis, quidquid	wer/was auch immer; jeder, der; alles, was
PE	**arma**, -ōrum *n. (Pl.)*	Waffen, Gerät
	cum ... tum ...	wenn ..., dann ...; sowohl ... als auch ...
	Cum deī, tum hominēs errāre possunt.	Sowohl die Götter als auch die Menschen können sich irren.

44 *Zur Wiederholung*
fieri, gerere, inferre, invenire, perdere, pergere, pervenire, posse, scribere, studere, tenere
amicus, bellum, beneficium, civis, imperium, iniuria, liber, memoria, patria, populus, portus, res publica, senator, senatus, tempus, vis
clarus, multi, noster, plurimi, solus, tantus, unus
fere, numquam, nunc, ut, valde
hic (haec, hoc), ille (illa, illud), is (ea, id), qui (quae, quod), apud, aut ... aut ..., de, enim, et ... et ..., nisi, pro, vel

sollicitāre	erregen, beunruhigen

42
D morbid, Konsistenz, extra, legal
E morbid, to consist, to liberate, to damn, except, extra, law
F mourir, morbide, consister, libérer, damner, excepter, la loi

43
D Pontonbrücke, optieren, Option, Iura, Justiz, monieren, Imperativ
E cruel, arms
F le pont, l'option, cruel, les armes

44
F solliciter

status, -ūs *m.*	Zu‚stand', Lage
6 **sŏcius**	Gefährte, Begleiter, Bundesgenosse
nātiō, -ōnis *f.*	Volk(sstamm), Herkunft
vexāre	quälen
commemorāre	erwähnen, berichten
11 **scelus**, -eris *n.*	Verbrechen, Frevel
licentia	Willkür, Macht
PE **nē** *(mit Konj.)*	*(nach Ausdrücken des Fürchtens:)* dass
timeō, nē cadam	ich fürchte, dass ich falle/zu fallen

45 *Zur Wiederholung*

adiuvare, audire, clamare, colere, delere, dicere, ĕdere, florere, imperare, iubere, legere, mori, narrare, nolle, ostendere, pergere, prohibere, rapere, reverti, salutare, tacere, tenere, vereri, videre

ars, bellum, carmen, clamor, dux, homo, imperium, ius, litterae, mare, modus, patria, pax, princeps, socius

adulescens, humilis, laetus, maximus, mirus, multi, novus, obscurus, primus, pulcher

certe, fere, nunc, procul, quoque, tandem, tum, una, valde

hic (haec, hoc), ille (illa, illud), is (ea, id), me, qui (quae, quod), apud, at, cum, de, enim, etiam, per, si, sine, vel

caedēs, -is *f.*	Mord, Gemetzel, Schlacht
4 **restituere**, -stituī, -stitūtum	wiederherstellen
12 **assequī**, -sequor, -secūtus, -a sum	erreichen
22 **iussū** *(Abl.)*	auf Befehl
PE **melior**, melius; -ōris	besser

Caput quārtum decimum

46 *Zur Wiederholung*

afficere, audire, cadere, consistere, dare, facere, ferre, habere, incipere, iubere, iungere, mittere, occupare, orare, pervenire, posse, procedere, pugnare, putare, respondere, venire, videre

agmen, bellum, bestia, caelum, campus, clades, consilium, copia, deus, dies, dux, exercitus, homo, hostis, impetus, iter, labor, lux, metus, miles, mons, mos, oratio, signum, terra, urbs, usus, via, vis, vultus

alius, angustus, difficilis, ingens, latus, magnus, noster, nullus, omnes, omnis, pauci, primus, propinquus, talis, tantus

fere, hodie, longe, magis, non modo ... sed etiam ..., nunc, profecto, quam, tamen, unde

hic (haec, hoc), is (ea, id), nobiscum, qui (quae, quod), a/ab, an, atque, ac, cum, de, e/ex, enim, etiam, per, quamquam, si, super

Stammformen

invidere, -vīdī, -vīsum *(mit Dat.)*	jmdn. beneiden
iungere, iūnxī, iunctum	verbinden, vereinigen

altitūdō, tūdinis *f.*	Höhe, Tiefe
prope *(Adv.)*	beinahe *(b. Akk.: L 1)*
terror, -ōris *m.*	Schrecken
igitur *(Adv.)*	also, folglich
lēgātus	Gesandter, hoher Offizier, Bevollmächtigter
ut *(Konj. mit Konjunktiv)*	dass *(Inhaltssatz)*
5 **adicere**, -iciō, -iēcī, -iectum	hinzufügen
nūdus, -a, -um	nackt, unverhüllt
contingere, -tigī, -tactum	berühren
nūntius	Bote, Nachricht
10 **castra**, -ōrum *n. (Pl.)*	Lager
impetrāre	erlangen, durchsetzen
16 **cum** *(Konj. mit Konjunktiv)*	*(konzessiv:)* obwohl
cōpiae, -ārum *f. (Pl.)*	Truppen, Streitkräfte
aggredī, -gredior, -gressus, -a sum	herangehen, angreifen

44
D Status, sozial, Sozius, Nation, Lizenz
E status, social, nation, to commemorate, license
F l'état, social, nation, licence
45
D restituieren
E restitution
F restituer
46
D Terror, Legat, Adjektiv, Nudist, Nuntius, Kastell, aggressiv
E altitude, nude, in Städtenamen, z. B: Lan-caster
F l'altitude, terreur, nu

	ut *(Konj. mit Konjunktiv)*	*(konsekutiv:)* so dass
19	**expellere**, -pulī, -pulsum	vertreiben, verbannen
	inde *(Adv.)*	von dort
	praeceps, -cipitis	steil
22	**mŏra**	Aufenthalt, Verzögerung
	cum *(Konj. mit Konjunktiv)*	*(kausal:)* da
	metuere, -uī	fürchten
	iugum	‚Joch', Bergrücken
	ut *(Konj. mit Konjunktiv)*	*(final:)* dass, damit (*oft:* um zu ...)
28	**ac = atque**	sowie, und
	subicere, -iciō, -iecī, -iectum	unterwerfen
	moenia, -ium *n.*	Stadtmauern
32	**sustinēre**, -tinuī, -tentum	aufrecht halten, aushalten
PE	**cum** *(Konj. mit Konjunktiv)*	*(zeitlich:)* als, nachdem
	dubitāre → dubius	zweifeln, zögern
	-ne *(angehängt)*	ob *(im Gliedsatz)*
	prope *(Adv.)*	nahe, in der Nähe
	uter?, utra, utrum	wer *(von beiden)*?
	vetāre, vetuī, vetĭtum	verbieten, verhindern

47 *Zur Wiederholung*

amare, audire, colere, credere, dicere, dubitare, laudare, loqui, munire, ostendere, pati, petere, placere, posse, pugnare, putare, scire, timere, vereri, vivere

aestus, arma, ars, bellum, cibus, clades, concilium, coniunx, consilium, corpus, dies, familia, femina, filius, gens, genus, impetus, ius, labor, manus, mater, miles, mulier, nomen, pax, res, via, vir, vulnus

alii ... alii ..., bonus, certus, maximus, mirus, multi, omnes, publicus, solus, validus

aliquando, bene, certe, equidem, hīc, ita, itaque, nunc, profecto, sicut, una, ut, vix

hic (haec, hoc), idem, eadem, idem, ille (illa, illud), is (ea, id), iste (ista, istud), nihil, qui (quae, quod)

ante, atque, ac, aut ... aut ..., cum, enim, etiam, nam, nec, nisi, si

	nātūra	Natur, Wesen
6	**opus**, -eris *n.*	Mauerwerk; Werk; Arbeit
	cum *(Konj. mit Konjunktiv)*	*(adversativ:)* während, wenn auch
	frīgus, -oris *n.*	Kälte, Frost
	tolerāre	ertragen, er,dul'den
12	**prīvātus**, -a, -um	privat, persönlich
	convenīre, -vēnī, -ventum	zusammenkommen, sich einigen
	lūna → lūcēre	Mond
15	**sententia**	Meinung, Ansicht
	sīn *(Konj.)*	wenn aber
	fortis, -e	tapfer, mutig
	amīcus, -a, -um	befreundet, *(hier:)* vernarrt, begeistert
19	**ōdisse**, ōdī Ōdī et amō.	hassen Ich hasse und ich liebe.
	afferre, afferō, attulī, allātum	herbeibringen, melden
	cōnfīdere, -fīdō, -fīsus, -a sum	vertrauen
25	**poena**	Buße, Strafe
PE	**aes**, aeris *n.*	Kupfer, Bronze

Caput quintum decimum

48 *Zur Wiederholung*

adire, afferre, contendere, deesse, deficere, dicere, edere, emere, exercere, facere, invenire, ostendere, pati, pervenire, proficisci, putare, quaerere, respondere, reverti, ridere, servare, tradere, transire, vendere, vēnire, videre, vincere

arma, bestia, castra, civitas, corpus, custos, domus, finis, flumen, gens, genus, ludus, mercator, officium, pax, pecunia, populus, provincia, servus, vestis, villa

alius, ceteri, extremus, levis, maior, malus, meus, necessarius, noster, omnes, plenus, plerique, severus, solus, tantus, unus

bene, certe, hīc, igitur, ita, iterum, libenter, modo, ne ... quidem, nonne, nunc, nuper, sane, semper, tum

hic (haec, hoc), ipse (ipsa, ipsum), is (ea, id), qui (quae, quod), ac = atque, at, atque, ac, cum, de, enim, etiam, si, sine, vel

46
D Moratorium, Subjekt, Veto
E to expel, precipitous, (to) subject, to sustain, to doubt
F précipiter, sujet, soutenir, douter

47
D Opus, frigid, tolerieren, privat, Konvention, Sentenz, forte, Pein
E nature, frigid, to tolerate, private, to convene, sentence, pain
F la nature, frigidaire, tolérer, privé, la convention, la lune, sentence, fort, l'ami, se confier, peine

Stammformen

	cavēre, cāvī, cautum *(mit Akk.)*	sich hüten, sich vorsehen (vor)

	fīdus, -a, -um	treu, ergeben
3	**rīpa**	Ufer
11	**ōrnāmentum**	Schmuck, Verzierung
17	**servitūs**, tūtis *f.*	Sklaverei, Knechtschaft
	lībertās, -tātis *f.*	Freiheit
23	**aliter** *(Adv.)*	anders
	aliter atque ...	anders als ...
	exemplum	Beispiel, Vorbild
31	**caedere**, cecīdī, caesum	fällen, niederhauen, töten
	dēspērāre → spērāre	die Hoffnung aufgeben, verzweifeln
	comparāre → parāre	beschaffen, erwerben
	vulgus, vulgī *n.*	Volk, die breite Masse
PE	**adulēscentia**	Jugend

49 ◆ *Zur Wiederholung*

accedere, animadvertere, condere, damnare, dormire, educere, excitare, exire, existimare, facere, ferre, fieri, habere, proficisci, recipere, reperire, respondere, surgere, vocare
gladius, homo, iter, lectus, locus, lux, mercator, mors, socius, somnus, urbs, via, vir
alius, alter, ceteri, solus, ante, deinde, fere, forte, post, primum, qua re, ut
hic (haec, hoc), idem, eadem, idem, ille (illa, illud), ipse (ipsa, ipsum), is (ea, id), qui (quae, quod), secum
ante, causā, cum, e/ex, nisi, postquam, sine

Worterläuterungen im Lesevokabular!

50 *Zur Wiederholung*

abesse, aspicere, audire, clamare, cogitare, commovere, currere, defendere, emere, facere, frui, habere, intrare, invenire, miscere, portare, posse, servare, tacere, venire, videre, videri, vocare
aqua, aura, causa, civis, civitas, flumen, frater, homo, hostis, imperator, instrumentum, lex, magistratus, murus, nauta, navis, oppidum, pars, patria, porta, ripa, tumultus, turba, via, vir, vita, vox
alius, clarus, longus, magnus, maximus, meus, nonnulli, novus, pulcher, sapiens, solus, unus, varius
primum, quomodo, sicut, tamquam, tandem, tum, ut
ille (illa, illud), ipse (ipsa, ipsum), iste (ista, istud), nihil, sibi
a/ab, ante, atque, ac, cum, de, e/ex, ecce, et ... et ..., per

Stammformen

	cōnficere, -iō, -fēcī, -fectum	vollenden, bewältigen

5	**vīvus**, -a, -um	lebendig, am Leben
	nancīscī, nancīscor, nā(n)ctus, -a sum	bekommen, *(durch Zufall)* erlangen; auf etw. stoßen
15	**orīrī**, orior, ortus, -a sum	entstehen, abstammen
	perturbāre	beunruhigen, in Verwirrung bringen
	pudor, -ōris *m.*	Scham, Scheu, Ehrgefühl
	prō pudor!	welche Schande!
22	**ūsque** *(Adv.)*	ohne Unterbrechung (*Präp.:* ūsque ad → *L4)*
	culpa	Schuld
	exstinguere, -stīnxī, -stīnctum	löschen, tilgen
27	**ēgredī**, -gredior, -gressus, -a sum	hinausgehen, verlassen
PE	**quisque**, quaeque, quidque	(ein) jeder, *(beim Superlativ:)* gerade der
	ut *(Konj. mit Indikativ)*	(„wie“:) als *(temporal)*
	ut *(Konj. mit Konjunktiv)*	*(konzessiv:)* auch wenn

51 *Zur Wiederholung*

adiuvare, aggredi, amare, audere, audire, bibere, clamare, claudere, conferre, contendere, convenire, corrumpere, decedere, dicere, facere, ferre, fugere, gaudere, imponere, inquit, interrogare, invenire, ire, legere, mittere, nasci, placere, proficisci, putare, recipere, ridere, scire, scribere, sequi, solere, sperare, suscipere, tacere, tradere, venire, vereri, vetare, videre, vincere, vivere, vocare
amor, annus, causa, civitas, corpus, dies, dominus, finis, forum, frater, genus, homo, hostis, humanitas, imperator, iudicium, ius, lex, litterae, locus, ludus, magistratus, mercator, miles,

48
D Ornament, Exempel, desperat, vulgär, Adoleszenz
E servitude, liberty, example, to despair, to compare
F fidèle, la rive, l'ornement, servitude, la liberté, l'exemple, désespérer, comparer, vulgaire

50
D Vivisektion, ‚quick'lebendig, Orient
E to extinguish
F vif, vive, l'orient, perturber, pudeur, éteindre

munus, murus, negotium, nomen, officium, oppidum, parentes, pes, praesidium, provincia, puella, si
gnum, tempus, terra, verbum, vinum, vis, vita
ater, duo, levis, līber, maximus, medius, meus, mirus, noster, novus, optimus, parvus, sacer, severus, situs, totus
adhuc, bene, certe, domum, ergo, hīc, hodie, huc, itaque, iterum, numquam, nunc, nuper, primum, quasi, statim, subito, tandem, valde
aliquis, aliquid, hic (haec, hoc), ille (illa, illud), ipse (ipsa, ipsum), is (ea, id), me, mecum, qui (quae, quod)
apud, at, atque, ac, cum, de, etiam, nam, nec, nisi, per, prope, quod, si

☆

alere, celebrare
imperium, moenia, pax, terra, vis
latus, medius, proximus, tranquillus
qui (quae, quod), per, quod

☆

aperire, cernere, curare, dare, habere, iacere, ire, mirari, patere, premere, prohibere, retinere, spectare, sternere, venire
aqua, atrium, campus, cura, litus, lux, natura, oculus, opes, opus, tergum, ventus
apertus, laetus, hīc, nunc, procul, sic
hic (haec, hoc), nihil, qui (quae, quod), cum, nec, per

Stammformen

alere, aluī, altum	(er)nähren, großziehen
audēre, audeō, ausus, -a sum	wagen
solvere, solvī, solūtum	lösen, befreien, bezahlen

5	**accūsāre**	anklagen, beschuldigen
	inimīcus, -a, -um *(mit Dat.)* → amīcus	feindlich, Feind
13	**obicere**, -iciō, -iēcī, -iectum	entgegenwerfen, entgegnen, vorwerfen
	dēserere, -seruī, -sertum	im Stich lassen, verlassen
16	**dēprehendere**, -prehendī, prehēnsum	ergreifen, ertappen, abfangen
24	**dēferre**, -ferō, -tulī, -lātum	hinbringen, melden, berichten
25	**ēvenīre**, -vēnī, -ventum	ablaufen, sich ereignen
	praetor, -ōris *m.*	Prätor (höchster Beamter in Rom nach den Konsuln, Funktion etwa „oberster Richter")
	praeesse, -sum, -fuī *(mit Dat.)*	voranstehen, befehligen
38	**īnstruere**, -strūxī, -strūctum	aufstellen, ausrüsten, unterrichten
	an *(Konj. in einer indirekten Frage)*	ob ...?; oder ob ... ?
43	**properāre**	eilen, sich beeilen
	celebrāre	feiern, verherrlichen, zahlreich besuchen
	tellūs, -ūris *f.*	Erde, die Mutter Erde
	voluptās, -tātis *f.*	Freude, Vergnügen, Lust

Iam mēns avet vagārī ...

52 ◆ *Zur Wiederholung*

alere, caedere, currere, fieri, ire, laborare, parare, premere, queri, tacere, vehere, vehi
campus, dies, ferrum, hora, iter, labor, malum, manus, mons, opus, plebs, sedes, tellus, terra, via, altus, dubius, duo, longus, malus, medius, minor, primus, quantus, sordidus, summus, unus
aliter, hinc, hīc, nunc, vix
hic (haec, hoc), ille (illa, illud), qui (quae, quod), at, dum, nec, per, sub

Worterläuterungen im Lesevokabular!

53 ◆ *Zur Wiederholung*

accidere, adiuvare, admirari, ait, aiunt, cedere, cogitare, credere, debere, deponere, expellere, facere, fieri, fugere, habere, inducere, licet, mirari, mutare, nasci, nocere, pervenire, placere, ponere, posse, premere, prodesse, putare, quaerere, queri, sequi, transire, venire, vivere
animus, caelum, causa, deus, gravitas, loca, locus, malum, mare, mens, navis, pars, patria, regio, res, salus, sedes, terra, urbs, vates, vitium
iucundus, longus, magnus, meus, noster, novus, nullus, omnis, primus, qualis, solus, talis, tot, totus, tuus, ullus, unus
ante, bene, contra, huc, magis, nunc, quam, quasi, quo, sicut, tam, ut
hic (haec, hoc), idem, eadem, idem, ille (illa, illud), ipse (ipsa, ipsum), is (ea, id), iste (ista,

51
D Objekt, desertieren, instruieren, zelebrieren, ‚Diele'
E to accuse, enemy, to object, to desert, to defer, to instruct, to celebrate
F accuser, l'ennemi, objecter, déserter, instruire, célébrer, volupté

istud), nihil, nil = nihil, qui (quae, quod), tecum
at, atque, ac, aut, contra, cum, e/ex, enim, quod, si

Worterläuterungen im Lesevokabular!

54 ◆ *Zur Wiederholung*
proficisci, referre, valere
ager, aura, caelum, campus, comes, mens, pes, studium, urbs, via
clarus, diversus, dulcis, iucundus, laetus, longus, varius
simul, qui (quae, quod)

Worterläuterungen im Lesevokabular!

55 ◆ *Zur Wiederholung*
adire, amare, arcere, capere, crescere, dormire, ducere, exigere, frangere, incipere, ire, iungere, mori, mutare, negare, persequi, posse, praebere, premere, proficisci, properare, solvere, spectare, valere, vehere, vehi, venire
aes, amor, animus, annus, aqua, arma, aura, auxilium, cura, deus, dies, hospes, iter, labor, liber, lingua, litus, manus, mare, mors, nauta, navis, oculus, pes, portus, puella, socius, spatium, studium, terra, turris, via, vulnus
amicus, doctus, extremus, felix, gravis, longus, magnus, maximus, meus, noster, omnes, omnis, quantus, turpis, tuus, unus, uterque
certe, deinde, ergo, illic, inde, magis, nunc, procul, saepe, tam, tamen, vix
ille (illa, illud), ipse (ipsa, ipsum), me, sibi
a/ab, atque, ac, aut, aut ... aut ..., e/ex, enim, per

Worterläuterungen im Lesevokabular!